安全生产"谨"囊妙计图文知识系列读本

最新《安全生产法》学习读本

东方文慧　中国安全生产科学研究院　编

中国劳动社会保障出版社

图书在版编目(CIP)数据

最新《安全生产法》学习读本/东方文慧,中国安全生产科学研究院编. —北京:中国劳动社会保障出版社,2015
(安全生产"谨"囊妙计图文知识系列读本)
ISBN 978-7-5167-1740-0

Ⅰ.①最… Ⅱ.①东…②中… Ⅲ.①安全生产法-基本知识-中国 Ⅳ.①D922.54

中国版本图书馆 CIP 数据核字(2015)第 072854 号

中国劳动社会保障出版社出版发行

(北京市惠新东街1号 邮政编码:100029)

*

国铁印务有限公司印刷装订 新华书店经销
880 毫米×1230 毫米 32 开本 4.75 印张 117 千字
2015 年 5 月第 1 版 2021 年 5 月第 4 次印刷
定价:25.00 元

读者服务部电话:(010)64929211/84209101/64921644
营销中心电话:(010)64962347
出版社网址:http://www.class.com.cn

版权专有 侵权必究

如有印装差错,请与本社联系调换:(010)81211666
我社将与版权执法机关配合,大力打击盗印、销售和使用盗版图书活动,敬请广大读者协助举报,经查实将给予举报者奖励。
举报电话:(010)64954652

编委会名单

柴继昶　苏旭明　王宏斌　周传京
唐卫东　黄　龙　刘　畅　杨洪鹏
姚海涛　黄少亭

前 言

事故是安全生产的大敌,是从业人员和企业负责人共同的敌人,安全隐患更像是躲在背后隐藏起来的敌人,随时可能给从业人员带来致命的伤害。因此,企业要像在战场上对待敌人一样对待安全生产事故,随时保持高度谨慎,更要合理利用计谋,把敌人扼杀在摇篮里,最好不战而屈人之兵,及时发现并消除安全隐患,使安全生产事故发生的可能性降到最低限度。

计者,策略、计划也,也即方法和安排。凡事预则立,不预则废,就是指做事前要进行正确方法的选择和合理、巧妙的安排,否则就会失败。这是古人的智慧,也是经过数千年在各个领域得到检验的真理,也同样适用于企业的安全生产工作。

古代军事家善用计,巧妙施计可以达到以少胜多、以弱胜强的效果,而在生产实践中,如果能够合理选择方法,再加上周密的安排,也能够达到事半功倍的效果。安全生产理论和实践都告诉我们,事故是可以预防的。因此,企业应该重视安全生产工作,将安全生产工作由事后补救改为事前预防。要达到这样的目的,企业必须花大力气进行安全生产制度建设和从业人员的安全生产培训教育,从管理和执行两个方面同时采取措施。"全生产'谨'囊妙计系列知识读本"着眼于企业生产一线,利用通俗易懂的语言讲述安全生产最基本的安全生产知识，使读者在短时间内即可了解到安全生产事故发生的原因和避免的方法，以及发事故后应紧急采取的应对措施，使事故损失有效降低。通过本书的阅读，可以使作业人员的安全生产意识和水平都得到有效提升，在生产实践过程中自觉地利用所学到的知识，实现安全生产。

目 录

第一计　新法精神要领会　依法生产莫随意
　　　　——认真贯彻落实新《安全生产法》……………　1

第二计　法律精神熟于胸　生产管理显神通
　　　　——领会新《安全生产法》的修改重点…………　28

第三计　法律条文是红线　仔细研读莫逾越
　　　　——新《安全生产法》法条精释………………　54

第一计
新法精神要领会
依法生产莫随意
—— 认真贯彻落实新《安全生产法》

中华人民共和国主席令
第七十号

《中华人民共和国安全生产法》已由中华人民共和国第九届全国人民代表大会常务委员会第二十八次会议于2002年6月29日通过，现予公布，自2002年11月1日起施行。

中华人民共和国主席　江泽民
2002年6月29日

中华人民共和国主席令
第十三号

《全国人民代表大会常务委员会关于修改〈中华人民共和国安全生产法〉的决定》已由中华人民共和国第十二届全国人民代表

大会常务委员会第十次会议于 2014 年 8 月 31 日通过，现予公布，自 2014 年 12 月 1 日起施行。

中华人民共和国主席　习近平
2014 年 8 月 31 日

中华人民共和国安全生产法

（2002 年 6 月 29 日第九届全国人民代表大会常务委员会第二十八次会议通过　根据 2014 年 8 月 31 日第十二届全国人民代表大会常务委员会第十次会议《关于修改〈中华人民共和国安全生产法〉的决定》修正）

目　录

第一章　总则
第二章　生产经营单位的安全生产保障
第三章　从业人员的安全生产权利义务
第四章　安全生产的监督管理
第五章　生产安全事故的应急救援与调查处理
第六章　法律责任
第七章　附则

第一章　总　　则

第一条　为了加强安全生产工作，防止和减少生产安全事故，保障人民群众生命和财产安全，促进经济社会持续健康发展，制定本法。

第二条　在中华人民共和国领域内从事生产经营活动的单位

（以下统称生产经营单位）的安全生产，适用本法；有关法律、行政法规对消防安全和道路交通安全、铁路交通安全、水上交通安全、民用航空安全以及核与辐射安全、特种设备安全另有规定的，适用其规定。

第三条 安全生产工作应当以人为本，坚持安全发展，坚持安全第一、预防为主、综合治理的方针，强化和落实生产经营单位的主体责任，建立生产经营单位负责、职工参与、政府监督、行业自律和社会监督的机制。

第四条 生产经营单位必须遵守本法和其他有关安全生产的法律、法规，加强安全生产管理，建立、健全安全生产责任制和安全生产规章制度，改善安全生产条件，推进安全生产标准化建设，提高安全生产水平，确保安全生产。

第五条 生产经营单位的主要负责人对本单位的安全生产工作全面负责。

第六条 生产经营单位的从业人员有依法获得安全生产保障的权利，并应当依法履行安全生产方面的义务。

第七条 工会依法对安全生产工作进行监督。

生产经营单位的工会依法组织职工参加本单位安全生产工作的民主管理和民主监督，维护职工在安全生产方面的合法权益。生产经营单位制定或者修改有关安全生产的规章制度，应当听取工会的意见。

第八条 国务院和县级以上地方各级人民政府应当根据国民经济和社会发展规划制定安全生产规划，并组织实施。安全生产规划应当与城乡规划相衔接。

国务院和县级以上地方各级人民政府应当加强对安全生产工作的领导，支持、督促各有关部门依法履行安全生产监督管理职责，建立健全安全生产工作协调机制，及时协调、解决安全生产监督管理中存在的重大问题。

乡、镇人民政府以及街道办事处、开发区管理机构等地方人民政府的派出机关应当按照职责，加强对本行政区域内生产经营单位安全生产状况的监督检查，协助上级人民政府有关部门依法履行安全生产监督管理职责。

第九条　国务院安全生产监督管理部门依照本法，对全国安全生产工作实施综合监督管理；县级以上地方各级人民政府安全生产监督管理部门依照本法，对本行政区域内安全生产工作实施综合监督管理。

国务院有关部门依照本法和其他有关法律、行政法规的规定，在各自的职责范围内对有关行业、领域的安全生产工作实施监督管理；县级以上地方各级人民政府有关部门依照本法和其他有关法律、法规的规定，在各自的职责范围内对有关行业、领域的安全生产工作实施监督管理。

安全生产监督管理部门和对有关行业、领域的安全生产工作实施监督管理的部门，统称负有安全生产监督管理职责的部门。

第十条　国务院有关部门应当按照保障安全生产的要求，依法及时制定有关的国家标准或者行业标准，并根据科技进步和经济发展适时修订。

生产经营单位必须执行依法制定的保障安全生产的国家标准或者行业标准。

第十一条　各级人民政府及其有关部门应当采取多种形式，加强对有关安全生产的法律、法规和安全生产知识的宣传，增强全社会的安全生产意识。

第十二条　有关协会组织依照法律、行政法规和章程，为生产经营单位提供安全生产方面的信息、培训等服务，发挥自律作用，促进生产经营单位加强安全生产管理。

第十三条　依法设立的为安全生产提供技术、管理服务的机构，依照法律、行政法规和执业准则，接受生产经营单位的委托为其安全生产工作提供技术、管理服务。

生产经营单位委托前款规定的机构提供安全生产技术、管理服务的，保证安全生产的责任仍由本单位负责。

第十四条 国家实行生产安全事故责任追究制度，依照本法和有关法律、法规的规定，追究生产安全事故责任人员的法律责任。

第十五条 国家鼓励和支持安全生产科学技术研究和安全生产先进技术的推广应用，提高安全生产水平。

第十六条 国家对在改善安全生产条件、防止生产安全事故、参加抢险救护等方面取得显著成绩的单位和个人，给予奖励。

第二章　生产经营单位的安全生产保障

第十七条 生产经营单位应当具备本法和有关法律、行政法规和国家标准或者行业标准规定的安全生产条件；不具备安全生产条件的，不得从事生产经营活动。

第十八条 生产经营单位的主要负责人对本单位安全生产工作负有下列职责：

（一）建立、健全本单位安全生产责任制；

（二）组织制定本单位安全生产规章制度和操作规程；

（三）组织制定并实施本单位安全生产教育和培训计划；

（四）保证本单位安全生产投入的有效实施；

（五）督促、检查本单位的安全生产工作，及时消除生产安全事故隐患；

（六）组织制定并实施本单位的生产安全事故应急救援预案；

（七）及时、如实报告生产安全事故。

第十九条 生产经营单位的安全生产责任制应当明确各岗位的责任人员、责任范围和考核标准等内容。

生产经营单位应当建立相应的机制，加强对安全生产责任制落实情况的监督考核，保证安全生产责任制的落实。

第二十条 生产经营单位应当具备的安全生产条件所必需的资金投入，由生产经营单位的决策机构、主要负责人或者个人经营的投资人予以保证，并对由于安全生产所必需的资金投入不足导致的后果承担责任。

有关生产经营单位应当按照规定提取和使用安全生产费用，专门用于改善安全生产条件。安全生产费用在成本中据实列支。安全生产费用提取、使用和监督管理的具体办法由国务院财政部门会同国务院安全生产监督管理部门征求国务院有关部门意见后制定。

第二十一条 矿山、金属冶炼、建筑施工、道路运输单位和危险物品的生产、经营、储存单位，应当设置安全生产管理机构或者配备专职安全生产管理人员。

前款规定以外的其他生产经营单位，从业人员超过一百人的，应当设置安全生产管理机构或者配备专职安全生产管理人员；从业人员在一百人以下的，应当配备专职或者兼职的安全生产管理人员。

第二十二条 生产经营单位的安全生产管理机构以及安全生产管理人员履行下列职责：

（一）组织或者参与拟订本单位安全生产规章制度、操作规程和生产安全事故应急救援预案；

（二）组织或者参与本单位安全生产教育和培训，如实记录安全生产教育和培训情况；

（三）督促落实本单位重大危险源的安全管理措施；

（四）组织或者参与本单位应急救援演练；

（五）检查本单位的安全生产状况，及时排查生产安全事故隐患，提出改进安全生产管理的建议；

（六）制止和纠正违章指挥、强令冒险作业、违反操作规程的行为；

（七）督促落实本单位安全生产整改措施。

第二十三条 生产经营单位的安全生产管理机构及安全生产管理人员应当恪尽职守，依法履行职责。

生产经营单位作出涉及安全生产的经营决策，应当听取安全生产管理机构以及安全生产管理人员的意见。

生产经营单位不得因安全生产管理人员依法履行职责而降低

其工资、福利等待遇或者解除与其订立的劳动合同。

危险物品的生产、储存单位以及矿山、金属冶炼单位的安全生产管理人员的任免，应当告知主管的负有安全生产监督管理职责的部门。

第二十四条 生产经营单位的主要负责人和安全生产管理人员必须具备与本单位所从事的生产经营活动相应的安全生产知识和管理能力。

危险物品的生产、经营、储存单位以及矿山、金属冶炼、建筑施工、道路运输单位的主要负责人和安全生产管理人员，应当由主管的负有安全生产监督管理职责的部门对其安全生产知识和管理能力考核合格。考核不得收费。

危险物品的生产、储存单位以及矿山、金属冶炼单位应当有注册安全工程师从事安全生产管理工作。鼓励其他生产经营单位聘用注册安全工程师从事安全生产管理工作。注册安全工程师按专业分类管理，具体办法由国务院人力资源和社会保障部门、国务院安全生产监督管理部门会同国务院有关部门制定。

第二十五条 生产经营单位应当对从业人员进行安全生产教育和培训，保证从业人员具备必要的安全生产知识，熟悉有关的安全生产规章制度和安全操作规程，掌握本岗位的安全操作技能，了解事故应急处理措施，知悉自身在安全生产方面的权利和义务。未经安全生产教育和培训合格的从业人员，不得上岗作业。

生产经营单位使用被派遣劳动者的，应当将被派遣劳动者纳入本单位从业人员统一管理，对被派遣劳动者进行岗位安全操作规程和安全操作技能的教育和培训。劳务派遣单位应当对被派遣劳动者进行必要的安全生产教育和培训。

生产经营单位接收中等职业学校、高等学校学生实习的，应当对实习学生进行相应的安全生产教育和培训，提供必要的劳动防护用品。学校应当协助生产经营单位对实习学生进行安全生产教育和培训。

生产经营单位应当建立安全生产教育和培训档案，如实记录安全生产教育和培训的时间、内容、参加人员以及考核结果等情况。

第二十六条　生产经营单位采用新工艺、新技术、新材料或者使用新设备，必须了解、掌握其安全技术特性，采取有效的安全防护措施，并对从业人员进行专门的安全生产教育和培训。

第二十七条　生产经营单位的特种作业人员必须按照国家有关规定经专门的安全作业培训，取得相应资格，方可上岗作业。

特种作业人员的范围由国务院安全生产监督管理部门会同国务院有关部门确定。

第二十八条　生产经营单位新建、改建、扩建工程项目（以下统称建设项目）的安全设施，必须与主体工程同时设计、同时施工、同时投入生产和使用。安全设施投资应当纳入建设项目概算。

第二十九条　矿山、金属冶炼建设项目和用于生产、储存、装卸危险物品的建设项目，应当按照国家有关规定进行安全评价。

第三十条　建设项目安全设施的设计人、设计单位应当对安全设施设计负责。

矿山、金属冶炼建设项目和用于生产、储存、装卸危险物品的建设项目的安全设施设计应当按照国家有关规定报经有关部门审查，审查部门及其负责审查的人员对审查结果负责。

第三十一条　矿山、金属冶炼建设项目和用于生产、储存、装卸危险物品的建设项目的施工单位必须按照批准的安全设施设计施工，并对安全设施的工程质量负责。

矿山、金属冶炼建设项目和用于生产、储存危险物品的建设项目竣工投入生产或者使用前，应当由建设单位负责组织对安全设施进行验收；验收合格后，方可投入生产和使用。安全生产监督管理部门应当加强对建设单位验收活动和验收结果的监督核查。

第三十二条　生产经营单位应当在有较大危险因素的生产经营场所和有关设施、设备上，设置明显的安全警示标志。

第三十三条　安全设备的设计、制造、安装、使用、检测、维修、改造和报废，应当符合国家标准或者行业标准。

生产经营单位必须对安全设备进行经常性维护、保养，并定期检测，保证正常运转。维护、保养、检测应当作好记录，并由有关人员签字。

第三十四条 生产经营单位使用的危险物品的容器、运输工具，以及涉及人身安全、危险性较大的海洋石油开采特种设备和矿山井下特种设备，必须按照国家有关规定，由专业生产单位生产，并经具有专业资质的检测、检验机构检测、检验合格，取得安全使用证或者安全标志，方可投入使用。检测、检验机构对检测、检验结果负责。

第三十五条 国家对严重危及生产安全的工艺、设备实行淘汰制度，具体目录由国务院安全生产监督管理部门会同国务院有关部门制定并公布。法律、行政法规对目录的制定另有规定的，适用其规定。

省、自治区、直辖市人民政府可以根据本地区实际情况制定并公布具体目录，对前款规定以外的危及生产安全的工艺、设备予以淘汰。

生产经营单位不得使用应当淘汰的危及生产安全的工艺、设备。

第三十六条 生产、经营、运输、储存、使用危险物品或者处置废弃危险物品的，由有关主管部门依照有关法律、法规的规定和国家标准或者行业标准审批并实施监督管理。

生产经营单位生产、经营、运输、储存、使用危险物品或者处置废弃危险物品，必须执行有关法律、法规和国家标准或者行业标准，建立专门的安全管理制度，采取可靠的安全措施，接受有关主管部门依法实施的监督管理。

第三十七条 生产经营单位对重大危险源应当登记建档，进行定期检测、评估、监控，并制定应急预案，告知从业人员和相关人员在紧急情况下应当采取的应急措施。

生产经营单位应当按照国家有关规定将本单位重大危险源及有关安全措施、应急措施报有关地方人民政府安全生产监督管理部门和有关部门备案。

第三十八条 生产经营单位应当建立健全生产安全事故隐患排查治理制度,采取技术、管理措施,及时发现并消除事故隐患。事故隐患排查治理情况应当如实记录,并向从业人员通报。

县级以上地方各级人民政府负有安全生产监督管理职责的部门应当建立健全重大事故隐患治理督办制度,督促生产经营单位消除重大事故隐患。

第三十九条 生产、经营、储存、使用危险物品的车间、商店、仓库不得与员工宿舍在同一座建筑物内,并应当与员工宿舍保持安全距离。

生产经营场所和员工宿舍应当设有符合紧急疏散要求、标志明显、保持畅通的出口。禁止锁闭、封堵生产经营场所或者员工宿舍的出口。

第四十条 生产经营单位进行爆破、吊装以及国务院安全生产监督管理部门会同国务院有关部门规定的其他危险作业,应当安排专门人员进行现场安全管理,确保操作规程的遵守和安全措施的落实。

第四十一条 生产经营单位应当教育和督促从业人员严格执行本单位的安全生产规章制度和安全操作规程;并向从业人员如实告知作业场所和工作岗位存在的危险因素、防范措施以及事故应急措施。

第四十二条 生产经营单位必须为从业人员提供符合国家标准或者行业标准的劳动防护用品,并监督、教育从业人员按照使用规则佩戴、使用。

第四十三条 生产经营单位的安全生产管理人员应当根据本单位的生产经营特点,对安全生产状况进行经常性检查;对检查中发现的安全问题,应当立即处理;不能处理的,应当及时报告本单位有关负责人，有关负责人应当及时处理。检查及处理情况应当如实记录在案。

生产经营单位的安全生产管理人员在检查中发现重大事故隐患，依照前款规定向本单位有关负责人报告，有关负责人不及时处理的，安全生产管理人员可以向主管的负有安全生产监督管理职责的部门报告，接到报告的部门应当依法及时处理。

第四十四条 生产经营单位应当安排用于配备劳动防护用品、进行安全生产培训的经费。

第四十五条 两个以上生产经营单位在同一作业区域内进行生产经营活动，可能危及对方生产安全的，应当签订安全生产管理协议，明确各自的安全生产管理职责和应当采取的安全措施，并指定专职安全生产管理人员进行安全检查与协调。

第四十六条 生产经营单位不得将生产经营项目、场所、设备发包或者出租给不具备安全生产条件或者相应资质的单位或者个人。

生产经营项目、场所发包或者出租给其他单位的，生产经营单位应当与承包单位、承租单位签订专门的安全生产管理协议，或者在承包合同、租赁合同中约定各自的安全生产管理职责；生产经营单位对承包单位、承租单位的安全生产工作统一协调、管理，定期进行安全检查，发现安全问题的，应当及时督促整改。

第四十七条 生产经营单位发生生产安全事故时，单位的主要负责人应当立即组织抢救，并不得在事故调查处理期间擅离职守。

第四十八条 生产经营单位必须依法参加工伤保险，为从业人员缴纳保险费。

国家鼓励生产经营单位投保安全生产责任保险。

第三章 从业人员的安全生产权利义务

第四十九条 生产经营单位与从业人员订立的劳动合同，应

当载明有关保障从业人员劳动安全、防止职业危害的事项,以及依法为从业人员办理工伤保险的事项。

生产经营单位不得以任何形式与从业人员订立协议,免除或者减轻其对从业人员因生产安全事故伤亡依法应承担的责任。

第五十条 生产经营单位的从业人员有权了解其作业场所和工作岗位存在的危险因素、防范措施及事故应急措施,有权对本单位的安全生产工作提出建议。

第五十一条 从业人员有权对本单位安全生产工作中存在的问题提出批评、检举、控告;有权拒绝违章指挥和强令冒险作业。

生产经营单位不得因从业人员对本单位安全生产工作提出批评、检举、控告或者拒绝违章指挥、强令冒险作业而降低其工资、福利等待遇或者解除与其订立的劳动合同。

第五十二条 从业人员发现直接危及人身安全的紧急情况时,有权停止作业或者在采取可能的应急措施后撤离作业场所。

生产经营单位不得因从业人员在前款紧急情况下停止作业或者采取紧急撤离措施而降低其工资、福利等待遇或者解除与其订立的劳动合同。

第五十三条 因生产安全事故受到损害的从业人员,除依法享有工伤保险外,依照有关民事法律尚有获得赔偿的权利的,有权向本单位提出赔偿要求。

第五十四条 从业人员在作业过程中,应当严格遵守本单位的安全生产规章制度和操作规程,服从管理,正确佩戴和使用劳动防护用品。

第五十五条 从业人员应当接受安全生产教育和培训,掌握本职工作所需的安全生产知识,提高安全生产技能,增强事故预防和应急处理能力。

第五十六条 从业人员发现事故隐患或者其他不安全因素,应当立即向现场安全生产管理人员或者本单位负责人报告;接到报告的人员应当及时予以处理。

第五十七条　工会有权对建设项目的安全设施与主体工程同时设计、同时施工、同时投入生产和使用进行监督，提出意见。

工会对生产经营单位违反安全生产法律、法规，侵犯从业人员合法权益的行为，有权要求纠正；发现生产经营单位违章指挥、强令冒险作业或者发现事故隐患时，有权提出解决的建议，生产经营单位应当及时研究答复；发现危及从业人员生命安全的情况时，有权向生产经营单位建议组织从业人员撤离危险场所，生产经营单位必须立即作出处理。

工会有权依法参加事故调查，向有关部门提出处理意见，并要求追究有关人员的责任。

第五十八条　生产经营单位使用被派遣劳动者的，被派遣劳动者享有本法规定的从业人员的权利，并应当履行本法规定的从业人员的义务。

第四章　安全生产的监督管理

第五十九条　县级以上地方各级人民政府应当根据本行政区域内的安全生产状况，组织有关部门按照职责分工，对本行政区域内容易发生重大生产安全事故的生产经营单位进行严格检查。

安全生产监督管理部门应当按照分类分级监督管理的要求，制定安全生产年度监督检查计划，并按照年度监督检查计划进行监督检查，发现事故隐患，应当及时处理。

第六十条　负有安全生产监督管理职责的部门依照有关法律、法规的规定，对涉及安全生产的事项需要审查批准（包括批准、核准、许可、注册、认证、颁发证照等，下同）或者验收的，必须严格依照有关法律、法规和国家标准或者行业标准规定的安全生产条件和程序进行审查；不符合有关法律、法规和国家标准或者行业标准规定的安全生产条件的，不得批准或者验收通过。对未依法取得批准或者验收合格的单位擅自从事有关活动的，负责行政审批的部门发现或者接到举报后应当立即予以取缔，并依法予以处理。对已经依法取得批准的单位，负责行政审批的部门发现其不再具备安全生产条件的，应当撤销原批准。

第六十一条 负有安全生产监督管理职责的部门对涉及安全生产的事项进行审查、验收，不得收取费用；不得要求接受审查、验收的单位购买其指定品牌或者指定生产、销售单位的安全设备、器材或者其他产品。

第六十二条 安全生产监督管理部门和其他负有安全生产监督管理职责的部门依法开展安全生产行政执法工作，对生产经营单位执行有关安全生产的法律、法规和国家标准或者行业标准的情况进行监督检查，行使以下职权：

（一）进入生产经营单位进行检查，调阅有关资料，向有关单位和人员了解情况；

（二）对检查中发现的安全生产违法行为，当场予以纠正或者要求限期改正；对依法应当给予行政处罚的行为，依照本法和其他有关法律、行政法规的规定作出行政处罚决定；

（三）对检查中发现的事故隐患，应当责令立即排除；重大事故隐患排除前或者排除过程中无法保证安全的，应当责令从危险区域内撤出作业人员，责令暂时停产停业或者停止使用相关设施、设备；重大事故隐患排除后，经审查同意，方可恢复生产经营和使用；

（四）对有根据认为不符合保障安全生产的国家标准或者行业标准的设施、设备、器材以及违法生产、储存、使用、经营、运输的危险物品予以查封或者扣押，对违法生产、储存、使用、经营危险物品的作业场所予以查封，并依法作出处理决定。

监督检查不得影响被检查单位的正常生产经营活动。

第六十三条 生产经营单位对负有安全生产监督管理职责的部门的监督检查人员（以下统称安全生产监督检查人员）依法履行监督检查职责，应当予以配合，不得拒绝、阻挠。

第六十四条 安全生产监督检查人员应当忠于职守，坚持原则，秉公执法。

安全生产监督检查人员执行监督检查任务时，必须出示有效的监督执法证件；对涉及被检查单位的技术秘密和业务秘密，应当为其保密。

第六十五条 安全生产监督检查人员应当将检查的时间、地点、内容、发现的问题及其处理情况，作出书面记录，并由检查人员和被检查单位的负责人签字；被检查单位的负责人拒绝签字的，检查人员应当将情况记录在案，并向负有安全生产监督管理职责的部门报告。

第六十六条 负有安全生产监督管理职责的部门在监督检查中，应当互相配合，实行联合检查；确需分别进行检查的，应当互通情况，发现存在的安全问题应当由其他有关部门进行处理的，应当及时移送其他有关部门并形成记录备查，接受移送的部门应当及时进行处理。

第六十七条 负有安全生产监督管理职责的部门依法对存在重大事故隐患的生产经营单位作出停产停业、停止施工、停止使用相关设施或者设备的决定，生产经营单位应当依法执行，及时消除事故隐患。生产经营单位拒不执行，有发生生产安全事故的现实危险的，在保证安全的前提下，经本部门主要负责人批准，负有安全生产监督管理职责的部门可以采取通知有关单位停止供电、停止供应民用爆炸物品等措施，强制生产经营单位履行决定。通知应当采用书面形式，有关单位应当予以配合。

负有安全生产监督管理职责的部门依照前款规定采取停止供电措施，除有危及生产安全的紧急情形外，应当提前二十四小时通知生产经营单位。生产经营单位依法履行行政决定、采取相应措施消除事故隐患的，负有安全生产监督管理职责的部门应当及时解除前款规定的措施。

第六十八条 监察机关依照行政监察法的规定，对负有安全生产监督管理职责的部门及其工作人员履行安全生产监督管理职

责实施监察。

第六十九条 承担安全评价、认证、检测、检验的机构应当具备国家规定的资质条件，并对其作出的安全评价、认证、检测、检验的结果负责。

第七十条 负有安全生产监督管理职责的部门应当建立举报制度，公开举报电话、信箱或者电子邮件地址，受理有关安全生产的举报；受理的举报事项经调查核实后，应当形成书面材料；需要落实整改措施的，报经有关负责人签字并督促落实。

第七十一条 任何单位或者个人对事故隐患或者安全生产违法行为，均有权向负有安全生产监督管理职责的部门报告或者举报。

第七十二条 居民委员会、村民委员会发现其所在区域内的生产经营单位存在事故隐患或者安全生产违法行为时，应当向当地人民政府或者有关部门报告。

第七十三条 县级以上各级人民政府及其有关部门对报告重大事故隐患或者举报安全生产违法行为的有功人员，给予奖励。具体奖励办法由国务院安全生产监督管理部门会同国务院财政部门制定。

第七十四条 新闻、出版、广播、电影、电视等单位有进行安全生产公益宣传教育的义务，有对违反安全生产法律、法规的行为进行舆论监督的权利。

第七十五条 负有安全生产监督管理职责的部门应当建立安全生产违法行为信息库，如实记录生产经营单位的安全生产违法行为信息；对违法行为情节严重的生产经营单位，应当向社会公告，并通报行业主管部门、投资主管部门、国土资源主管部门、证券监督管理机构以及有关金融机构。

第五章 生产安全事故的应急救援与调查处理

第七十六条 国家加强生产安全事故应急能力建设，在重点行业、领域建立应急救援基地和应急救援队伍，鼓励生产经营单位和其他社会力量建立应急救援队伍，配备相应的应急救援装备和物资，提高应急救援的专业化水平。

国务院安全生产监督管理部门建立全国统一的生产安全事故应急救援信息系统，国务院有关部门建立健全相关行业、领域的生产安全事故应急救援信息系统。

第七十七条 县级以上地方各级人民政府应当组织有关部门制定本行政区域内生产安全事故应急救援预案，建立应急救援体系。

第七十八条 生产经营单位应当制定本单位生产安全事故应急救援预案，与所在地县级以上地方人民政府组织制定的生产安全事故应急救援预案相衔接，并定期组织演练。

第七十九条 危险物品的生产、经营、储存单位以及矿山、金属冶炼、城市轨道交通运营、建筑施工单位应当建立应急救援组织；生产经营规模较小的，可以不建立应急救援组织，但应当指定兼职的应急救援人员。

危险物品的生产、经营、储存、运输单位以及矿山、金属冶炼、城市轨道交通运营、建筑施工单位应当配备必要的应急救援器材、设备和物资，并进行经常性维护、保养，保证正常运转。

第八十条 生产经营单位发生生产安全事故后，事故现场有关人员应当立即报告本单位负责人。

单位负责人接到事故报告后，应当迅速采取有效措施，组织抢救，防止事故扩大，减少人员伤亡和财产损失，并按照国家有关规定立即如实报告当地负有安全生产监督管理职责的部门，不得隐瞒不报、谎报或者迟报，不得故意破坏事故现场、毁灭有关证据。

第八十一条 负有安全生产监督管理职责的部门接到事故报告后，应当立即按照国家有关规定上报事故情况。负有安全生产监督管理职责的部门和有关地方人民政府对事故情况不得隐瞒不报、谎报或者迟报。

第八十二条　有关地方人民政府和负有安全生产监督管理职责的部门的负责人接到生产安全事故报告后，应当按照生产安全事故应急救援预案的要求立即赶到事故现场，组织事故抢救。

参与事故抢救的部门和单位应当服从统一指挥，加强协同联动，采取有效的应急救援措施，并根据事故救援的需要采取警戒、疏散等措施，防止事故扩大和次生灾害的发生，减少人员伤亡和财产损失。

事故抢救过程中应当采取必要措施，避免或者减少对环境造成的危害。

任何单位和个人都应当支持、配合事故抢救，并提供一切便利条件。

第八十三条　事故调查处理应当按照科学严谨、依法依规、实事求是、注重实效的原则，及时、准确地查清事故原因，查明事故性质和责任，总结事故教训，提出整改措施，并对事故责任者提出处理意见。事故调查报告应当依法及时向社会公布。事故调查和处理的具体办法由国务院制定。

事故发生单位应当及时全面落实整改措施，负有安全生产监督管理职责的部门应当加强监督检查。

第八十四条　生产经营单位发生生产安全事故，经调查确定为责任事故的，除了应当查明事故单位的责任并依法予以追究外，还应当查明对安全生产的有关事项负有审查批准和监督职责的行政部门的责任，对有失职、渎职行为的，依照本法第八十七条的规定追究法律责任。

第八十五条　任何单位和个人不得阻挠和干涉对事故的依法调查处理。

第八十六条　县级以上地方各级人民政府安全生产监督管理部门应当定期统计分析本行政区域内发生生产安全事故的情况，并定期向社会公布。

第六章 法 律 责 任

第八十七条 负有安全生产监督管理职责的部门的工作人员，有下列行为之一的，给予降级或者撤职的处分；构成犯罪的，依照刑法有关规定追究刑事责任：

（一）对不符合法定安全生产条件的涉及安全生产的事项予以批准或者验收通过的；

（二）发现未依法取得批准、验收的单位擅自从事有关活动或者接到举报后不予取缔或者不依法予以处理的；

（三）对已经依法取得批准的单位不履行监督管理职责，发现其不再具备安全生产条件而不撤销原批准或者发现安全生产违法行为不予查处的；

（四）在监督检查中发现重大事故隐患，不依法及时处理的。

负有安全生产监督管理职责的部门的工作人员有前款规定以外的滥用职权、玩忽职守、徇私舞弊行为的，依法给予处分；构成犯罪的，依照刑法有关规定追究刑事责任。

第八十八条 负有安全生产监督管理职责的部门，要求被审查、验收的单位购买其指定的安全设备、器材或者其他产品的，在对安全生产事项的审查、验收中收取费用的，由其上级机关或者监察机关责令改正，责令退还收取的费用；情节严重的，对直接负责的主管人员和其他直接责任人员依法给予处分。

第八十九条 承担安全评价、认证、检测、检验工作的机构，出具虚假证明的，没收违法所得；违法所得在十万元以上的，并处违法所得二倍以上五倍以下的罚款；没有违法所得或者违法所得不足十万元的，单处或者并处十万元以上二十万元以下的罚款；对其直接负责的主管人员和其他直接责任人员处二万元以上五万元以下的罚款；给他人造成损害的，与生产经营单位承担连带赔偿责任；构成犯罪的，依照刑法有关规定追究刑事责任。

对有前款违法行为的机构，吊销其相应资质。

第九十条　生产经营单位的决策机构、主要负责人或者个人经营的投资人不依照本法规定保证安全生产所必需的资金投入，致使生产经营单位不具备安全生产条件的，责令限期改正，提供必需的资金；逾期未改正的，责令生产经营单位停产停业整顿。

有前款违法行为，导致发生生产安全事故的，对生产经营单位的主要负责人给予撤职处分，对个人经营的投资人处二万元以上二十万元以下的罚款；构成犯罪的，依照刑法有关规定追究刑事责任。

第九十一条　生产经营单位的主要负责人未履行本法规定的安全生产管理职责的，责令限期改正；逾期未改正的，处二万元以上五万元以下的罚款，责令生产经营单位停产停业整顿。

生产经营单位的主要负责人有前款违法行为，导致发生生产安全事故的，给予撤职处分；构成犯罪的，依照刑法有关规定追究刑事责任。

生产经营单位的主要负责人依照前款规定受刑事处罚或者撤职处分的,自刑罚执行完毕或者受处分之日起,五年内不得担任任何生产经营单位的主要负责人;对重大、特别重大生产安全事故负有责任的,终身不得担任本行业生产经营单位的主要负责人。

第九十二条 生产经营单位的主要负责人未履行本法规定的安全生产管理职责,导致发生生产安全事故的,由安全生产监督管理部门依照下列规定处以罚款:

(一)发生一般事故的,处上一年年收入百分之三十的罚款;

(二)发生较大事故的,处上一年年收入百分之四十的罚款;

(三)发生重大事故的,处上一年年收入百分之六十的罚款;

(四)发生特别重大事故的,处上一年年收入百分之八十的罚款。

第九十三条 生产经营单位的安全生产管理人员未履行本法规定的安全生产管理职责的,责令限期改正;导致发生生产安全事故的,暂停或者撤销其与安全生产有关的资格;构成犯罪的,依照刑法有关规定追究刑事责任。

第九十四条 生产经营单位有下列行为之一的,责令限期改正,可以处五万元以下的罚款;逾期未改正的,责令停产停业整顿,并处五万元以上十万元以下的罚款,对其直接负责的主管人员和其他直接责任人员处一万元以上二万元以下的罚款:

(一)未按照规定设置安全生产管理机构或者配备安全生产管理人员的;

(二)危险物品的生产、经营、储存单位以及矿山、金属冶炼、建筑施工、道路运输单位的主要负责人和安全生产管理人员未按照规定经考核合格的;

(三)未按照规定对从业人员、被派遣劳动者、实习学生进行安全生产教育和培训,或者未按照规定如实告知有关的安全生产事项的;

(四)未如实记录安全生产教育和培训情况的;

（五）未将事故隐患排查治理情况如实记录或者未向从业人员通报的；

（六）未按照规定制定生产安全事故应急救援预案或者未定期组织演练的；

（七）特种作业人员未按照规定经专门的安全作业培训并取得相应资格，上岗作业的。

第九十五条　生产经营单位有下列行为之一的，责令停止建设或者停产停业整顿，限期改正；逾期未改正的，处五十万元以上一百万元以下的罚款，对其直接负责的主管人员和其他直接责任人员处二万元以上五万元以下的罚款；构成犯罪的，依照刑法有关规定追究刑事责任：

（一）未按照规定对矿山、金属冶炼建设项目或者用于生产、储存、装卸危险物品的建设项目进行安全评价的；

（二）矿山、金属冶炼建设项目或者用于生产、储存、装卸危险物品的建设项目没有安全设施设计或者安全设施设计未按照规定报经有关部门审查同意的；

（三）矿山、金属冶炼建设项目或者用于生产、储存、装卸危险物品的建设项目的施工单位未按照批准的安全设施设计施工的；

（四）矿山、金属冶炼建设项目或者用于生产、储存危险物品的建设项目竣工投入生产或者使用前，安全设施未经验收合格的。

第九十六条　生产经营单位有下列行为之一的，责令限期改正，可以处五万元以下的罚款；逾期未改正的，处五万元以上二十万元以下的罚款，对其直接负责的主管人员和其他直接责任人员处一万元以上二万元以下的罚款；情节严重的，责令停产停业整顿；构成犯罪的，依照刑法有关规定追究刑事责任：

（一）未在有较大危险因素的生产经营场所和有关设施、设备上设置明显的安全警示标志的；

（二）安全设备的安装、使用、检测、改造和报废不符合国家标准或者行业标准的；

（三）未对安全设备进行经常性维护、保养和定期检测的；

（四）未为从业人员提供符合国家标准或者行业标准的劳动防护用品的；

（五）危险物品的容器、运输工具，以及涉及人身安全、危险性较大的海洋石油开采特种设备和矿山井下特种设备未经具有专业资质的机构检测、检验合格，取得安全使用证或者安全标志，投入使用的；

（六）使用应当淘汰的危及生产安全的工艺、设备的。

第九十七条 未经依法批准，擅自生产、经营、运输、储存、使用危险物品或者处置废弃危险物品的，依照有关危险物品安全管理的法律、行政法规的规定予以处罚；构成犯罪的，依照刑法有关规定追究刑事责任。

第九十八条 生产经营单位有下列行为之一的，责令限期改正，可以处十万元以下的罚款；逾期未改正的，责令停产停业整顿，并处十万元以上二十万元以下的罚款，对其直接负责的主管人员和其他直接责任人员处二万元以上五万元以下的罚款；构成犯罪的，依照刑法有关规定追究刑事责任：

（一）生产、经营、运输、储存、使用危险物品或者处置废弃危险物品，未建立专门安全管理制度、未采取可靠的安全措施的；

（二）对重大危险源未登记建档，或者未进行评估、监控，或者未制定应急预案的；

（三）进行爆破、吊装以及国务院安全生产监督管理部门会同国务院有关部门规定的其他危险作业，未安排专门人员进行现场安全管理的；

（四）未建立事故隐患排查治理制度的。

第九十九条 生产经营单位未采取措施消除事故隐患的，责令立即消除或者限期消除；生产经营单位拒不执行的，责令停产停业整顿，并处十万元以上五十万元以下的罚款，对其直接负责的主管人员和其他直接责任人员处二万元以上五万元以下的罚款。

第一百条 生产经营单位将生产经营项目、场所、设备发包或者出租给不具备安全生产条件或者相应资质的单位或者个人的,责令限期改正,没收违法所得;违法所得十万元以上的,并处违法所得二倍以上五倍以下的罚款;没有违法所得或者违法所得不足十万元的,单处或者并处十万元以上二十万元以下的罚款;对其直接负责的主管人员和其他直接责任人员处一万元以上二万元以下的罚款;导致发生生产安全事故给他人造成损害的,与承包方、承租方承担连带赔偿责任。

生产经营单位未与承包单位、承租单位签订专门的安全生产管理协议或者未在承包合同、租赁合同中明确各自的安全生产管理职责,或者未对承包单位、承租单位的安全生产统一协调、管理的,责令限期改正,可以处五万元以下的罚款,对其直接负责的主管人员和其他直接责任人员可以处一万元以下的罚款;逾期未改正的,责令停产停业整顿。

第一百零一条 两个以上生产经营单位在同一作业区域内进行可能危及对方安全生产的生产经营活动,未签订安全生产管理协议或者未指定专职安全生产管理人员进行安全检查与协调的,责令限期改正,可以处五万元以下的罚款,对其直接负责的主管人员和其他直接责任人员可以处一万元以下的罚款;逾期未改正的,责令停产停业。

第一百零二条 生产经营单位有下列行为之一的,责令限期改正,可以处五万元以下的罚款,对其直接负责的主管人员和其他直接责任人员可以处一万元以下的罚款;逾期未改正的,责令停产停业整顿;构成犯罪的,依照刑法有关规定追究刑事责任:

(一)生产、经营、储存、使用危险物品的车间、商店、仓库与员工宿舍在同一座建筑内,或者与员工宿舍的距离不符合安全要求的;

(二)生产经营场所和员工宿舍未设有符合紧急疏散需要、标志明显、保持畅通的出口,或者锁闭、封堵生产经营场所或者员工宿舍出口的。

第一百零三条 生产经营单位与从业人员订立协议，免除或者减轻其对从业人员因生产安全事故伤亡依法应承担的责任的，该协议无效；对生产经营单位的主要负责人、个人经营的投资人处二万元以上十万元以下的罚款。

第一百零四条 生产经营单位的从业人员不服从管理，违反安全生产规章制度或者操作规程的，由生产经营单位给予批评教育，依照有关规章制度给予处分；构成犯罪的，依照刑法有关规定追究刑事责任。

第一百零五条 违反本法规定，生产经营单位拒绝、阻碍负有安全生产监督管理职责的部门依法实施监督检查的，责令改正；拒不改正的，处二万元以上二十万元以下的罚款；对其直接负责的主管人员和其他直接责任人员处一万元以上二万元以下的罚款；构成犯罪的，依照刑法有关规定追究刑事责任。

第一百零六条 生产经营单位的主要负责人在本单位发生生产安全事故时，不立即组织抢救或者在事故调查处理期间擅离职守或者逃匿的，给予降级、撤职的处分，并由安全生产监督管理部门处上一年年收入百分之六十至百分之一百的罚款；对逃匿的处十五日以下拘留；构成犯罪的，依照刑法有关规定追究刑事责任。

生产经营单位的主要负责人对生产安全事故隐瞒不报、谎报或者迟报的，依照前款规定处罚。

第一百零七条 有关地方人民政府、负有安全生产监督管理职责的部门，对生产安全事故隐瞒不报、谎报或者迟报的，对直接负责的主管人员和其他直接责任人员依法给予处分；构成犯罪的，依照刑法有关规定追究刑事责任。

第一百零八条 生产经营单位不具备本法和其他有关法律、行政法规和国家标准或者行业标准规定的安全生产条件，经停产停业整顿仍不具备安全生产条件的，予以关闭；有关部门应当依法吊销其有关证照。

第一百零九条 发生生产安全事故，对负有责任的生产经营单位除要求其依法承担相应的赔偿等责任外，由安全生产监督管理部门依照下列规定处以罚款：

（一）发生一般事故的，处二十万元以上五十万元以下的罚款；

（二）发生较大事故的，处五十万元以上一百万元以下的罚款；

（三）发生重大事故的，处一百万元以上五百万元以下的罚款；

（四）发生特别重大事故的，处五百万元以上一千万元以下的罚款；情节特别严重的，处一千万元以上二千万元以下的罚款。

第一百一十条 本法规定的行政处罚，由安全生产监督管理部门和其他负有安全生产监督管理职责的部门按照职责分工决定。予以关闭的行政处罚由负有安全生产监督管理职责的部门报请县级以上人民政府按照国务院规定的权限决定；给予拘留的行政处罚由公安机关依照治安管理处罚法的规定决定。

第一百一十一条 生产经营单位发生生产安全事故造成人员伤亡、他人财产损失的，应当依法承担赔偿责任；拒不承担或者其负责人逃匿的，由人民法院依法强制执行。

生产安全事故的责任人未依法承担赔偿责任，经人民法院依法采取执行措施后，仍不能对受害人给予足额赔偿的，应当继续履行赔偿义务；受害人发现责任人有其他财产的，可以随时请求人民法院执行。

第七章 附 则

第一百一十二条 本法下列用语的含义：

危险物品，是指易燃易爆物品、危险化学品、放射性物品等能够危及人身安全和财产安全的物品。

重大危险源，是指长期地或者临时地生产、搬运、使用或者储存危险物品，且危险物品的数量等于或者超过临界量的单元（包括场所和设施）。

第一百一十三条　本法规定的生产安全一般事故、较大事故、重大事故、特别重大事故的划分标准由国务院规定。

国务院安全生产监督管理部门和其他负有安全生产监督管理职责的部门应当根据各自的职责分工，制定相关行业、领域重大事故隐患的判定标准。

第一百一十四条　本法自2002年11月1日起施行。

第二计
法律精神熟于胸
生产管理显神通

——领会新《安全生产法》的修改重点

一、国家安全生产监督管理总局致全国各企业的公开信

生命安全是不可逾越的红线
安全法律是必须坚守的底线

——关于贯彻实施新《安全生产法》的公开信

全国各企业负责同志：

　　党的十八届四中全会作出全面推进依法治国的总体部署，这是以习近平同志为总书记的中央领导集体治国理政的重大战略抉择，标志着法治中国建设步入新征程。全国人大常委会2014年8月31日审议通过的新《安全生产法》，将于12月1日起施行。这是依法治国方略在安全生产领域的具体体现，必将全面规范安全生产法治秩序，加快实施安全发展战略，促进安全生产形势根

本好转。对这部法律重器，必须满怀敬畏之心，严肃认真遵守执行。

安全生产是企业生存与发展的基础。无数事例表明，企业不消灭事故，事故终归要毁灭企业，而且企业负责人也会付出沉重代价。新《安全生产法》明确规定，"强化落实生产经营单位的主体责任，建立生产经营单位负责、职工参与、政府监管、行业自律、社会监督的机制"。要求企业负责人对本单位安全生产工作全面负责，必须健全制度、落实责任、保障投入、严格管理、加强培训，推进标准化建设，提高安全管理水平。依法生产经营是企业安身立命之本，也是必须履行的社会责任。有法必依，执法必严，违法必究。生命红线不可逾越，法律底线不可触碰。希望你们自觉遵法守规，履职尽责，注重预防，遏制事故，促使企业安全发展。

新《安全生产法》贯穿着"以人为本，生命至上"的崇高理念，这是坚守"发展决不能以牺牲生命为代价"这条"红线"的必然要求。企业发展的潜力蕴含在员工之中。每个员工心中所想所盼，都是希望企业发展、家庭幸福，能"高高兴兴上班，平平安安回家"。作为企业负责人，必须把保护员工生命安全健康作为最高职责。因为它不仅关系着员工的生命安全，也连着众多家庭幸福，连着社会和谐安宁。要把员工当亲人、当成自己的兄弟姐妹，带着深厚感情关心他们的安全健康，不论在任何情况下，都不能不顾他们的生命去冒险，让安全第一的种子深深埋入企业和每位员工的心灵深处。

法令行则国治，法令弛则国乱。全民守法是法治中国的基础。每个企业、每个人都要树立法治信仰，成为法治的忠实崇尚者、自觉遵守者、坚定捍卫者。希望你们认真贯彻党的十八届四中全会精神，抓住新《安全生产法》颁布实施的有利契机，共同努力推进依法治安，营造学法、知法、用法、守法的浓厚氛围，为建设法治中国、为实现中华民族伟大复兴的中国梦作出应有的贡献。

感谢你们为安全生产事业付出的努力。祝愿所有企业安全发展，祝愿每位员工平安幸福！

国家安全监管总局
2014 年 11 月 14 日

二、国家安全生产监督管理总局政策法规司总结新《安全生产法》十大亮点

2014 年 8 月 31 日公布的新《安全生产法》（简称新法），认真贯彻落实习近平总书记关于安全生产工作一系列重要指示精神，从强化安全生产工作的摆位、进一步落实生产经营单位主体责任、政府安全监管定位和加强基层执法力量、强化安全生产责任追究等四个方面入手，着眼于安全生产现实问题和发展要求，补充完善了相关法律制度规定，主要有十大亮点。

（一）坚持以人为本，推进安全发展

新法提出安全生产工作应当以人为本，充分体现了习近平总书记等中央领导同志近一年来关于安全生产工作一系列重要指示精神，对于坚守发展决不能以牺牲人的生命为代价这条红线，牢固树立以人为本、生命至上的理念，正确处理重大险情和事故应急救援中"保财产"还是"保人命"问题，具有重大意义。为强化安全生产工作的重要地位，明确安全生产在国民经济和社会发展中的重要地位，推进安全生产形势持续稳定好转，新法将坚持安全发展写入了总则。

（二）建立完善安全生产方针和工作机制

新法确立了"安全第一、预防为主、综合治理"的安全生产工作"十二字方针"，明确了安全生产的重要地位、主体任务和实现安全生产的根本途径。"安全第一"要求从事生产经营活动必须把安全放在首位，不能以牺牲人的生命、健康为代价换取发展和

效益。"预防为主"要求把安全生产工作的重心放在预防上,强化隐患排查治理,打非治违,从源头上控制、预防和减少生产安全事故。"综合治理"要求运用行政、经济、法治、科技等多种手段,充分发挥社会、职工、舆论监督各个方面的作用,抓好安全生产工作。坚持"十二字方针",总结实践经验,新法明确要求建立生产经营单位负责、职工参与、政府监管、行业自律、社会监督的机制,进一步明确各方安全生产职责。做好安全生产工作,落实生产经营单位主体责任是根本,职工参与是基础,政府监管是关键,行业自律是发展方向,社会监督是实现预防和减少生产安全事故目标的保障。

(三)落实"三个必须",明确安全监管部门执法地位

按照"三个必须"(管业务必须管安全、管行业必须管安全、管生产经营必须管安全)的要求,新法一是规定国务院和县级以上地方人民政府应当建立健全安全生产工作协调机制,及时协调、解决安全生产监督管理中存在的重大问题。二是明确国务院和县级以上地方人民政府安全生产监督管理部门实施综合监督管理,有关部门在各自职责范围内对有关行业、领域的安全生产工作实施监督管理。并将其统称负有安全生产监督管理职责的部门。三是明确各级安全生产监督管理部门和其他负有安全生产监督管理职责的部门作为执法部门,依法开展安全生产行政执法工作,对生产经营单位执行法律、法规、国家标准或者行业标准的情况进行监督检查。

(四)明确乡镇人民政府以及街道办事处、开发区管理机构安全生产职责

乡镇街道是安全生产工作的重要基础,有必要在立法层面明确其安全生产职责,同时,针对各地经济技术开发区、工业园区的安全监管体制不顺、监管人员配备不足、事故隐患集中、事故多发等突出问题,新法明确:乡、镇人民政府以及街道办事处、开发区管理机构等地方人民政府的派出机关应当按照职责,加强

对本行政区域内生产经营单位安全生产状况的监督检查，协助上级人民政府有关部门依法履行安全生产监督管理职责。

（五）进一步强化生产经营单位的安全生产主体责任

做好安全生产工作，落实生产经营单位主体责任是根本。新法把明确安全责任、发挥生产经营单位安全生产管理机构和安全生产管理人员作用作为一项重要内容，作出四个方面的重要规定：一是明确委托规定的机构提供安全生产技术、管理服务的，保证安全生产的责任仍然由本单位负责；二是明确生产经营单位的安全生产责任制的内容，规定生产经营单位应当建立相应的机制，加强对安全生产责任制落实情况的监督考核；三是明确生产经营单位的安全生产管理机构以及安全生产管理人员履行的七项职责。四是规定矿山、金属冶炼建设项目和用于生产、储存危险物品的建设项目竣工投入生产或者使用前，由建设单位负责组织对安全设施进行验收。

（六）建立事故预防和应急救援的制度

新法把加强事前预防和事故应急救援作为一项重要内容：一是生产经营单位必须建立生产安全事故隐患排查治理制度，采取技术、管理措施及时发现并消除事故隐患，并向从业人员通报隐患排查治理情况的制度。二是政府有关部门要建立健全重大事故隐患治理督办制度，督促生产经营单位消除重大事故隐患。三是对未建立隐患排查治理制度、未采取有效措施消除事故隐患的行为，设定了严格的行政处罚。四是赋予负有安全监管职责的部门对拒不执行执法决定、有发生生产安全事故现实危险的生产经营单位依法采取停电、停供民用爆炸物品等措施，强制生产经营单位履行决定。五是国家建立应急救援基地和应急救援队伍，建立全国统一的应急救援信息系统。生产经营单位应当依法制定应急预案并定期演练。参与事故抢救的部门和单位要服从统一指挥，根据事故救援的需要组织采取告知、警戒、疏散等措施。

（七）建立安全生产标准化制度

安全生产标准化是在传统的安全质量标准化基础上，根据当前安全生产工作的要求、企业生产工艺特点，借鉴国外现代先进安全管理思想，形成的一套系统的、规范的、科学的安全管理体系。2010年《国务院关于进一步加强企业安全生产工作的通知》(国发〔2010〕23号)、2011年《国务院关于坚持科学发展安全发展促进安全生产形势持续稳定好转的意见》(国发〔2011〕40号)均对安全生产标准化工作提出了明确的要求。近年来矿山、危险化学品等高危行业企业安全生产标准化取得了显著成效，工贸行业领域的标准化工作正在全面推进，企业本质安全生产水平明显提高。结合多年的实践经验，新法在总则部分明确提出推进安全生产标准化工作，这必将对强化安全生产基础建设，促进企业安全生产水平持续提升产生重大而深远的影响。

（八）推行注册安全工程师制度

为解决中小企业安全生产"无人管、不会管"问题，促进安全生产管理人员队伍朝着专业化、职业化方向发展，国家自2004年以来连续10年实施了全国注册安全工程师执业资格统一考试，二十一万八千人取得了资格证书。截至2013年12月，已有近十五万人注册并在生产经营单位和安全生产中介服务机构执业。新法确立了注册安全工程师制度，并从两个方面加以推进：一是危险物品的生产、储存单位以及矿山、金属冶炼单位应当有注册安全工程师从事安全生产管理工作，鼓励其他生产经营单位聘用注册安全工程师从事安全生产管理工作。二是建立注册安全工程师按专业分类管理制度，授权国务院有关部门制定具体实施办法。

（九）推进安全生产责任保险制度

新法总结近年来的试点经验，通过引入保险机制，促进安全生产，规定国家鼓励生产经营单位投保安全生产责任保险。安全生产责任保险具有其他保险所不具备的特殊功能和优势，一是增加事故救援费用和第三人（事故单位从业人员以外的事故受害人）赔付的资金来源，有助于减轻政府负担，维护社会稳定。目前有的地区还提供了一部分资金作为对事故死亡人员家属的补偿。二是有利于现行安全生产经济政策的完善和发展。2005年起实施的高危行业风险抵押金制度存在缴存标准高、占用资金大、缺乏激励作用等不足，目前湖南、上海等省市已经通过地方立法允许企业自愿选择责任保险或者风险抵押金，受到企业的广泛欢迎。三是通过保险费率浮动、引进保险公司参与企业安全管理，可以有效促进企业加强安全生产工作。

（十）加大对安全生产违法行为的责任追究力度

一是规定了事故行政处罚和终身行业禁入。第一，将行政法规的规定上升为法律条文，按照两个责任主体、四个事故等级，设立了对生产经营单位及其主要负责人的八项罚款处罚明文。第二，大幅提高对事故责任单位的罚款金额：一般事故罚款二十万元至五十万元，较大事故五十万元至一百万元，重大事故一百万元至五百万元,特别重大事故五百万元至一千万元;特别重大事故的情节特别严重的,罚款一千万元至二千万元。第三,进一步明确主要负责人对重大、特别重大事故负有责任的,终身不得担任本行业生产经营单位的主要负责人。

二是加大罚款处罚力度。结合各地区经济发展水平、企业规模等实际,新法维持罚款下限基本不变、将罚款上限提高了二至五倍,并且大多数罚则不再将限期整改作为前置条件。反映了"打非治违""重典治乱"的现实需要,强化了对安全生产违法行为的震慑力,也有利于降低执法成本、提高执法效能。

三是建立了严重违法行为公告和通报制度。要求负有安全生产监督管理部门建立安全生产违法行为信息库,如实记录生产经营单位的违法行为信息;对违法行为情节严重的生产经营单位,应当向社会公告,并通报行业主管部门、投资主管部门、国土资源主管部门、证券监督管理部门和有关金融机构。

三、国家安全生产监督管理总局副局长孙华山解读新《安全生产法》

大力推进安全生产诚信体系建设

社会诚信体系建设是国家治理体系和治理能力建设的重要基础,也是国家治理能力现代化的重要体现,党的十八大、十八届三中全会对此都作出了决策部署。百业兴旺,安全最重要。安全信用是社会信用的重要内容和基础保障。从严惩处安全生产严重违法违规失信行为,是新《安全生产法》和《国务院关于印发社会信用体系建设规划纲要(2014—2020年)的通知》提出的明确要求。大力推进安全生产诚信体系建设,以切实提升安全生产源头治理和事故防范能力,更有效地维护从业人员的生命安全和健康权益,是摆在我们面前的一项重大而迫切的战略任务。

大力推进安全生产诚信体系建设意义重大而深远

习近平总书记指出，"'人而无信，不知其可'；企业无信，则难求发展；社会无信，则人人自危；政府无信，则权威不立"。安全生产是一个国家经济社会发展水平的综合反映和基础保障。大力促进安全生产诚信体系建设，对于促进安全生产依法治理、深化安全生产领域改革创新，提升安全生产工作成效，加快实现安全生产状况根本好转，全面建成小康社会，实现中华民族伟大复兴的"中国梦"都将产生重大而深远的影响。

（一）大力推进安全生产诚信体系建设，是推进安全生产依法治理的必然选择。党的十八届四中全会以"依法治国"为主题，制定了全面推进依法治国路线图。现代法治原则必须恪守的前提是：善待生命、关爱生命进而保障生命。安全生产工作的主要任务是，依法护佑生命、善待生命和保障生命。在安全生产工作中，要贯彻和体现这一原则，必须坚守"发展决不能以牺牲人的生命为代价"这一不可逾越的红线，必须依法落实各级各类人员安全生产责任，特别是企业的安全生产主体责任，保障广大从业人员的法定权益。法律是国家意志力的体现，是强制执行的制度规范；诚信属于道德和信仰范畴，在行为上表现为遵守制度规范的自觉性。对于企业安全生产不诚信行为，必须以法律的强制性加以规范。安全生产领域是诚信建设的重点领域之一。即将实施的新《安全生产法》规定，要建立安全生产违法行为信息库，对违法行为情节严重的生产经营单位，应当向社会公告，并通报行业主管、投资主管、国土资源主管部门，证券管理机构以及有关金融机构，实行联合惩戒，让肇事者、事故责任人、安全工作不诚信者付出更大的代价。采取从严执法等强制性手段督促落实并辅以安全生产诚信保障，必将打造更有利的安全生产执法环境，更有效地推进安全生产依法治理进程。

（二）大力推进安全生产诚信体系建设，是全面落实企业主体责任的必然选择。党的十八届三中全会要求"发挥市场在资源配置中的决定性作用"。信用是市场经济的"基石"，企业既是市场主体也是安全生产主体，安全生产诚信体系是市场体系的重要组成部分。"正道而行，唯善唯德"，企业作为市场主体和赢利性组织，要在激烈的市场竞争中追求利润最大化、做强做大做久，必须讲诚信、讲规则。同时，企业作为安全生产的责任主体，安全生产是其一切生产经营活动的根之所系、脉之所维，根深才能叶茂。坚持以人为本、安全第一、生命至上，是各类企业的法定责任，也是企业安全诚信的应有之义。目前，安全生产领域失信现象大量存在，诸如一些企业对维护从业人员生命安全和健康的责任义务不守信、不落实，有法不依、有章不循，非法违法、违规违章生产经营建设的现象仍很突出等，使企业安全生产主体责任的落实大打折扣，由此导致生产安全事故频发、损失惨重，更导致一些企业矿（厂）毁人亡。只有大力推进安全生产诚信体系建设，着力发挥诚信指挥棒的作用，实现由"要我安全"向"我要安全、我保安全"的转变，才能使越来越多的企业更自觉地落实安全生产法定责任，实现安全发展。

（三）大力推进安全生产诚信体系建设，是建设责任政府、诚信政府的必然选择。政务诚信是包括安全诚信在内的社会诚信体系建设的关键，对其他社会主体诚信建设发挥着重要的表率和导向作用。"己身正，不令而行；己身不正，虽令不行"。事实表明，要建设诚信政府、责任政府，政府自身的相关建设至为重要。近年来，安全监管总局为从实际行动上取信于民、取信于全社会，从总局机关自身做起，按照"明责、建制、修法、架红线，改革、创新、担当、转作风"的总体思路，推进安全生产诚信建设，在安全生产诚信建设上主动作为，发挥了良好的示范引领作用。围绕提高安全生产工作的透明度和公信力，依法主动公开信息，鼓励社会舆论和广大群众监督，及时回应社会关切，并注重发挥新兴媒体在引导社会公众参与、多元互动作用，政务信息公开程度不断提升；注重通过事故调查、安全检查、执法监督等途径，拓展最真实的相关信息来源，探索建立了监管执法和督查调研不发通知、不打招呼、不听汇报、不用陪同接待、直奔基层、直插现场的"四不两直"暗查暗访制度，从党组书记做起，带头深入基层、深入一线，以整风的精神切实解决执法不严、作风不实及会议一开了之、文件一发了之、执法一罚了之、督办一挂了之、停产整顿一停了之"五个了之"等突出问题；以"接地气"强化"讲诚信"，组织开展了"千名干部与万名矿长谈心对话"活动，全国各行业领域推进安全生产诚信建设的风气日渐浓厚。

（四）大力推进安全生产诚信体系建设，是凝心聚力加快实现安全生产状况根本好转的必然选择。安全生产工作涉及各行各业、关乎千家万户，是一项宏大的社会系统工程。新《安全生产法》作出硬性规定，安全生产工作必须"建立生产经营单位负责、职工参与、政府监管、行业自律和社会监督的机制"。这一规定，充分体现了安全生产工作的特点。当前，我国正处于工业化、城镇化快速发展进程中，处于生产安全事故易发、多发期，安全基础仍然比较薄弱，重特大事故尚未得到有效遏制。同时，随着经济发展和社会进步，全社会对安全生产的期待不断提高，广大从业人员"体面劳动"意识不断增强，对加强安全监管监察、改善作业环境、保障职业安全健康权益等方面的要求越来越高，必须适应安全生产工作的特点，举全社会之力共同推进安全生产工作。思想决定行动和品质。对个人而言，诚信是高尚品德；对企业而言，诚信是黄金资产；对社会而言，诚信是公序良俗；对国家而言，诚信是重要的软实力，安全诚信亦然。强化安全诚信，是社会主义核心价值观的精神要求，是确保人人平安幸福地享有经济发展和社会进步成果的内在需求，也是提升社会治理能力和完善国家治理体系的有效手段。人心齐，泰山移。通过加快安全生产诚信体系建设，构筑安全生产工作牢不可破的坚固长城，必将形成凝心聚力、加快实现安全生产状况根本好转的良好态势。

采取有力措施，大力推进安全生产诚信体系建设

安全生产诚信体系的建设，涵盖企业、政府、社会团体、从业人员和广大社会成员在内的多元主体，包括方向引领、文化建设、平台和制度保障等多种要素。要以党的十八大和十八届三中、四中全会精神为指导，以法制为基础，强化顶层设计，突出重点行业领域，建立制度规范，强化激励约束，加强督促落实，确保取得实实在在的效果。

（一）切实加强组织领导。加强安全生产诚信体系建设，是随着行政审批制度改革的深化，切实强化事中事后监管、加快实现安全生产状况根本好转的迫切需要和有效手段。各地区、各相关部门和单位要成立安全生产诚信体系建设工作领导小组及办公室，明确分工、落实责任，建立日常协调和例会制度，以及持续改进的工作机制；要把统筹协调推进安全生产诚信体系平台建设的组织、指导、督促、检查等工作，使安全生产诚信体系建设成为保障生产安全、捍卫生命价值、促进社会和谐、经济可持续发展的坚强基石。

（二）大力推进安全诚信制度建设。治理安全诚信缺失既要依靠道德提升，更要依靠制度建设，制度具有规范性、针对性、稳定性的特征。要建立安全承诺制度，结合行业和企业特点，各类企业要明确安全承诺事项，层层签订安全生产承诺书，接受政府和职工监督。要建立安全生产不良信用记录制度，依法依规严格处罚。要建立企业安全生产诚信"黑名单"管理制度，以不良信息记录作为企业安全生产诚信"黑名单"判定依据。根据企业存在问题的严重程度和整改要求，明确"黑名单"管理的期限，直至隐患消除。要建立企业安全生产诚信管理制度，加强现场检查，对发现的重大问题经整改仍达不到安全生产条件的，要依法予以行政处罚。要建立安全生产诚信报告和发布制度，接受社会和舆论监督。全面落实企业安全生产主体责任,增强企业重安全、抓安全、保安全的积极性和自觉性,加快实现全国安全生产状况的根本好转。

(三)构筑安全生产诚信大数据支撑平台。加快推进企业安全生产信用管理信息平台建设,要研究制定安全生产诚信体系建设实施指南,构建安全生产信用评价指标体系,建立信用信息标准规范。依托金安工程,以组织机构代码和人员实名制为基础,以煤矿、金属与非金属矿山、危险化学品、烟花爆竹和冶金等重点行业领域的企业为重点,建立安全生产领域部门之间、安全监管总局与国家统一信用信息平台之间、各级安全监管监察系统之间关于企业不良信用信息的共享交换机制,全面建立安全生产诚信体系,构建完备的企业安全生产诚信大数据,实行动态管理。要以此为依托建立健全企业安全生产诚信档案。

(四)建立健全安全生产诚信激励和失信惩戒机制。各级安全监管监察部门要对安全生产诚实守信企业,开辟"绿色通道",督促企业安全生产诚信机制和安全生产标准化建设的融合推进,加强对安全生产诚信信息的运用,在相关安全生产行政审批等工作中简化程序、优先办理或延期申请;在项目立项和改扩建、土地使用、贷款、融资和评优表彰及企业负责人年薪确定等方面将安全生产诚信信息作为重要参考。加强行业自律和社会监督。注重通过事故调查、安全检查、执法监督、群众举报等途径,不断拓展和强化相关信息来源并强化信息应用的有效途径,着力促进部委之间相关信息互联互通和联合惩戒机制建设,严格对安全失信企业惩戒。

(五)大力弘扬以人为本、生命至上的安全诚信文化。要把安全诚信文化建设摆在突出位置,大力普及信用知识,形成全民自觉遵纪守法、诚实守信的良好社会风尚。要面向社会和广大生产经营单位,充分发挥电视、广播、报纸和微博、微信等的宣传引导作用,加强安全生产诚信宣传教育。将安全生产诚信建设纳入"安全生产月""安全生产万里行""诚信活动周""质量月""诚信兴商宣传月""国际消费者权益保护日""信用记录关爱日""全国法制宣传日"等,弘扬积极向善、诚实守信的传统文化和现代市场经济的契约精神,形成以人为本、安全发展,关注生命、关注安全,崇尚践行安全生产诚信的社会风尚。

我们要牢牢把握住机遇、积极作为,以改革创新精神和抓铁有痕、踏石留印的作风,大力推进安全生产诚信体系建设。相信,中国作为一个工业化、城镇化快速发展的大国,以安全生产诚信体系建设为保障,坚持科学发展安全发展,必将为人类社会的可持续发展注入新的生机和希望!

四、"安全人"解读新《安全生产法》

1. 原国家安全生产监督管理总局党组成员、总工程师、新闻发言人　黄毅

新法的关键点

新修订的安全生产法改动得比较多,大概有67处。其中比较重要、比较关键的体现在以下四个方面:

第一,进一步确立了安全生产的重要地位。在总则里面,写进了"坚持以人为本、安全发展",写进了"安全第一、预防为主、综合治理"的方针。这为提升安全生产重要性的认识,提供了法律依据。

第二,进一步明确了企业安全生产的主体责任。在安法生产法修正案中,有20多条都是针对企业来说的,比如进一步明确了企业安全管理机构的职责。另外,对企业安全监管机构的建设标准要求也提高了。原来规定是三百人以上的,可以设立安全监管机构,现在降到一百人,一百人以上的生产经营单位都要设立安全监管机构。另外,高危企业必须要聘用注册安全工程师,从事

安全管理工作，对注册安全工程师的作用法律上予以规定，同时企业还必须对这些专业人员进行安全管理。鼓励企业投入安全生产责任保险，运用保险机制，建立安保互动。这些对于企业安全生产的主体责任如何落实，新法都作出了明确规定。包括企业隐患排查治理，要建立隐患排查治理体系。

第三，对于安全监管部门的执法地位也作出了明确规定，明确负有安全生产监督管理职责的部门是执法部门，而且赋予其安全监管部门综合监督管理、行业安全管理的职责。另外，对拒不执行安监部门下达执法指令的，安监部门有权采取停电和停止供应爆炸品这些强制措施。这样有利于加大执法力度。

第四，对于违反安全生产法的行为加大处罚力度。包括行政罚款，由过去最高的五百万元提高到二千万元。而且对于事故单位主要责任人的处罚也作出了规定，可以处罚上一年年收入的百分之三十、百分之四十、百分之六十、百分之八十。如果出现瞒报，则处罚百分之一百。对发生重大以上事故单位的负责人，要终生取消其职业资格，这些处罚都非常严厉。

安全生产法修正案在上述四个方面做出了重大修改，而且修改力度很大，这对下一步推进依法治理，加大安全生产执法力度提供了强大法律武器。

2. 国家安全生产监督管理总局政策法规司司长　支同祥

坚持以人为本，推进安全发展

新法规定安全生产工作应当以人为本，充分体现了习近平总书记等中央领导同志关于安全生产工作一系列重要指示精神，对于坚持始终把人民的生命安全放在首位，坚守发展决不能以牺牲人的生命为代价这条红线，牢固树立以人为本、生命至上的理念，正确处理重大险情和事故应急救援中坚持生命至上的理念具有重要意义。

为强化安全生产在国民经济发展中的重要地位，确立科学发展安全发展的要求,新法将坚持安全发展写入了总则,进一步明确安全发展的重要意义,为推进实施安全发展战略提供了法律保障。

完善安全生产方针,建立工作机制

新法确立了"安全第一、预防为主、综合治理"的安全生产工作"十二字方针",明确了安全生产的重要地位、主体任务和实现安全生产的根本途径。

"安全第一"要求从事生产经营活动必须把安全放在首位,不能以牺牲人的生命、健康为代价换取发展和效益。"预防为主"要求把安全生产工作的重心放在预防上,强化隐患排查治理,打非治违,从源头上控制、预防和减少生产安全事故。"综合治理"要求运用行政、经济、法治、科技等多种手段,充分发挥社会、职工、舆论监督各个方面的作用,推进安全生产工作。

坚持安全生产方针,总结实践经验,新法明确要求建立生产经营单位负责、职工参与、政府监管、行业自律、社会监督的机制,进一步明确各方面安全生产职责。做好安全生产工作,落实生产经营单位主体责任是根本，职工参与是基础，政府监管是关键，行业自律是发展方向，社会监督是实现预防和减少生产安全事故的保障。

落实"三个必须"，明确安全监管部门执法地位

按照习近平总书记提出的"三个必须"的要求，新法作出明确规定。一是规定国务院和县级以上地方人民政府应当建立健全安全生产工作协调机制，及时协调、解决安全生产监督管理中存在的重大问题，规定了各级政府安全生产委员会的职责。二是明确国务院和县级以上地方人民政府安全生产监督管理部门实施综合监督管理，有关部门在各自职责范围内对有关行业、领域的安全生产工作实施监督管理，并将其统称负有安全生产监督管理职责的部门。三是明确各级安全生产监督管理部门和其他负有安全生产监督管理职责的部门依法开展安全生产行政执法工作的职责。对生产经营单位执行法律、法规、国家标准或者行业标准的情况进行监督检查，明确了安全生产监督管理部门作为执法部门的定位。

明确乡镇人民政府以及街道办事处、开发区管理机构安全生产职责

乡镇以及街道办事处、开发区中小企业集中,安全监管任务繁重,是安全生产工作的重要基础。江苏昆山"8·2"粉尘爆炸事故造成重大人员伤亡,突出反映了安全监管缺失问题,深刻吸取事故教训,有必要在立法层面明确乡镇政府,以及街道办事处、开发区等政府派出机关的安全生产职责。针对各地经济技术开发区、工业园区存在的事故隐患集中、事故多发,以及安全监管体制不健全、监管职责不落实等突出问题。新法明确规定:乡、镇人民政府,以及街道办事处、开发区管理机构等地方人民政府的派出机关,应当按照职责,加强对本行政区域内生产经营单位安全生产状况的监督检查,协助上级人民政府有关部门依法履行安全生产监督管理职责。

这里讲的职责,是指法律法规及有关地方人民政府的规定,赋予乡镇人民政府及街道办事处、开发区的职责。这样规定主要基于乡镇人民政府及街道办事处、开发区没有相应的监管机构和人员,难以适应对本行政区域内生产经营单位开展安全生产执法工作的需要,但可以开展监督检查,有利于发挥乡镇人民政府及街道办事处、开发区的作用,协助上级人民政府有关部门依法履行安全生产监督管理职责。乡镇人民政府及街道办事处、开发区,原则上不能行使本法和其他法律、法规规定的监督管理职责,如行政处罚权、行政强制权等。但是,地方性法规等已经赋予了乡镇人民政府一定的执法权的,则乡镇人民政府可以依照相应的规定执行。

强化生产经营单位的安全生产主体责任

做好安全生产工作,落实生产经营单位主体责任是根本。新法把明确安全责任、发挥生产经营单位安全生产管理机构和安全生产管理人员作用作为一项重要内容,作出以下四个方面的规定。

一是明确委托规定的机构提供安全生产技术、管理服务,保证安全生产的责任仍然由本单位负责。二是明确生产经营单位的安全生产责任制的内容,规定生产经营单位应当建立相应的机制,加强对安全生产责任制落实情况的监督考核。三是明确生产经营单位的安全生产管理机构及安全生产管理人员履行的7项职责。四是规定矿山、金属冶炼建设项目,以及用于生产、储存危险物品的建设项目竣工投入生产或者使用前,要由建设单位负责组织对安全设施进行验收。

建立完善六项安全生产制度

建立事故隐患排查治理制度和挂牌督办制度。2013年11月24日,习近平总书记在青岛黄岛经济开发区考察输油管线泄漏引发爆燃事故抢险工作时强调:"要加大隐患整改治理力度,建立安全生产检查工作责任制,实行谁检查、谁签字、谁负责,做到不打折扣、不留死角、不走过场,务必见到成效。"加强事故隐患排查治理是贯彻落实"安全第一、预防为主、综合治理"安全生产工作方针的必然要求。《国务院关于进一步加强企业安全生产工作的通知》要求:企业要经常性开展安全隐患排查,并做到整改措施、责任、资金、时限和预案"五到位"。隐患是导致事故的根源,隐患不除、事故难消。新法明确:生产经营单位必须建立生产安全事故隐患排查治理制度,采取技术、管理措施及时发现并消除事故隐患,并向从业人员通报隐患排查治理情况的制度。政府有关部门要建立健全重大事故隐患治理督办制度,督促生产经营单位消除重大事故隐患。对未建立隐患排查治理制度、未采取有效措施消除事故隐患的行为,设定了严格的行政处罚。

建立安全生产标准化建设制度。安全生产标准化是在传统的安全质量标准化基础上,根据当前安全生产工作的要求、企业生产工艺特点,借鉴国外现代先进安全管理思想,形成的一套系统的、规范的、科学的安全管理体系。其主要做法是通过强化风险管理，注重过程控制，做到持续改进，确保安全生产。2010年《国务院关于进一步加强企业安全生产工作的通知》要求：企业全面开展安全生产标准化，深入开展以岗位达标、专业达标和企业达标为内容的安全生产标准化建设。经过多年的工作，安全生产标准化工作取得了显著成效：矿山、危险化学品等高危行业企业安全生产标准化进展较快，工贸行业领域的标准化工作正在全面推进，企业本质安全生产水平明显提高。为此，新法规定："生产经营单位必须遵守本法和其他有关安全生产的法律、法规，加强安全生产管理，建立健全安全生产责任制和安全生产规章制度，改善安全生产条件，推进安全生产标准化建设，提高安全生产水平，确保安全生产。"这必将对强化安全生产基础建设，促进企业安全生产水平持续提升产生重大而深远的影响。

推行注册安全工程师制度。安全工程是个综合性的专业，安全管理技术专业性很强。注册安全工程师具有安全工程专业知识，熟悉相关安全生产法律法规、安全技术、安全管理等知识。对解决中小企业安全生产"无人管、不会管"问题，促进安全生产管理人员安全管理技术水平的提升发挥了重要作用。国家于2004年开始全国注册安全工程师执业资格统一考试，10年来已有二十一万八千人取得了资格证书。截至2013年12月，已有近十五万人注册并在生产经营单位和安全中介机构中从事有关安全生产技术管理等工作。对安全专业人员实行执业资格制度，是很多国家和地区通行的做法。美国、日本、新加坡，以及我国香港、台湾地区都制定了相应的法律法规，分别实施注册安全师、劳动安全咨询师、安全主任、劳工安全管理师、劳工卫生管理师等职业资格。为了充分发挥注册安全工程师在安全生产工作中的作用，新法规定："危险物品的生产、储存单位以及矿山、金属冶炼单位应当有注册安全工程师从事安全生产管理工作。鼓励其他生产经营单位聘用注册安全工程师从事安全生产管理工作。注册安全工程师按专业分类管理，具体办法由国务院人力资源和社会保障部门、国务院安全生产监督管理部门会同国务院有关部门制定。"

推进安全生产责任保险制度。安全生产责任保险具有其他保险所不具备的特殊功能和优势，一是增加事故救援费用和第三人（事故单位从业人员以外的事故受害人）赔付的资金来源，有助于减轻政府负担，维护社会稳定。目前有的地区还提供了一部分资金作为对事故死亡人员的补偿。二是有利于现行安全生产经济政策的完善和发展。由于2005年起实施的高危行业风险抵押金制度存在缴存标准高、占用资金大、缺乏激励作用等问题。目前湖南、上海等省市已经通过地方立法，允许企业自愿选择责任保险或者风险抵押金，受到企业的广泛欢迎。三是通过保险费率浮动、引进保险公司参与企业安全管理，可以有效促进企业加强安全生产工作。

建立重大隐患停供电、停供民用爆破物品制度。在安全生产实践中，因企业拒不执行有关部门下达的停产停业指令，仍然违法生产，造成重大人员伤亡的事故时有发生，教训十分深刻。如2006年5月18日，山西省大同市左云县新井煤矿发生一起特别重大透水事故，造成五十六人死亡，直接经济损失五千三百一十二万元。事故的主要原因，一是左云县公安机关未认真履行职责，违规审批火工品。二是左云县供电支公司违规为新井煤矿多次增容，在矿井停产整顿期间，没有按规定对新井煤矿采取限电措施，致使矿井继续违法生产。又如2011年11月10日，云南省曲靖市师宗县私庄煤矿发生特别重大煤与瓦斯突出事故，造成四十三人死亡，直接经济损失三千九百七十万元。事故发生时该矿安全生产许可证和煤炭生产许可证已被依法暂扣，采矿许可证已过期，并被当地有关部门责令停产整顿。但由于法律未赋予有关部门切断电力和停供炸药等火工品的权力，该矿拒不执行停产指令，仍继续违法组织生产，最终导致事故发生。为吸取事故教训，防范此类重特大事故，新法作出规定："负有安全生产监督管理职责的部门依法对存在重大事故隐患的生产经营单位作出停产停业、停止施工、停止使用相关设施或者设备的决定,生产经营单位应当依法执行,及时消除事故。生产经营单位拒不执行,有发生生产安全事故的现实危险的,在保证安全的前提下,经本部门主要负责人批准,负有安全生产监督管理职责的部门可以采取通知有关单位停止供电、停止供应民用爆炸物品等措施,强制生产经营单位履行决定。通知应当采用书面形式,有关单位应当予以配合。"

建立严重违法行为公告和通报制度。要求负有安全生产监督管理部门建立安全生产违法行为信息库,如实记录生产经营单位的违法行为信息;对违法行为情节严重的生产经营单位,应当向社会公告,并通报行业主管部门、投资主管部门、国土资源主管部门、证券监督管理部门和有关金融机构。

推进分级分类监管,实施监督检查计划

新法规定:安全生产监督管理部门应当按照分类分级监督管理的要求,制定安全生产年度监督检查计划,并按照年度监督检查计划进行监督检查,发现事故隐患,应当及时处理。所谓分类,是指根据生产经营单位危险性质的不同,划分不同的行业或者领域类别。按照生产安全事故统计制度进行分类,分为煤矿、金属非金属矿山、化工和危险化学品、烟花爆竹生产经营、冶金机械、火灾、建筑施工、道路交通、铁路运输、民航飞行、渔业船舶、农业机械等。所谓分级,是指根据生产经营单位存在的可能引发生产安全事故的风险程度,对其进行等级评估,确定事故风险等级,将生产经营单位分为A(好)、B(较好)、C(一般)、D(较差)4个等级。安全生产监督管理部门应对生产经营单位采取差异化监管,A级、B级生产经营单位以本单位自我管理为主;对C级、D级生产经营单位,安全生产监管部门对其重点监督管理。

同时制定本部门年度监督检查计划,并按照计划实施监督检查。安全生产监督管理部门应当根据本部门执法人员的数量、装备配备、执法区域的范围和生产经营单位的数量、分布、生产规

模及安全生产状况等因素,科学、合理制定年度监督检查计划。监督检查计划应当包括检查的生产经营单位数量和频次、检查的方式、重点等内容,并落实到责任机构部门及人员。根据《安全生产监管监察行政执法职责和责任追究暂行规定》,安全生产监督管理部门年度监督检查计划应当报请本级人民政府审查批准,并报上一级安全生产监督管理部门备案。

加大对安全生产违法行为的责任追究力度

一是加大罚款处罚力度。结合各地区经济发展水平、企业规模等实际,新法维持罚款下限基本不变、将罚款上限提高了二至五倍,并且大多数罚则不再将限期整改作为前置条件。反映了"打非治违""重典治乱"的现实需要,强化了对安全生产违法行为的震慑力,也有利于降低执法成本、提高执法效能。二是规定了事故行政处罚。将行政法规的规定上升为法律条文,按照两个责任主体、四个事故等级,设立了对生产经营单位及其主要负责人的8项罚款处罚明文。三是大幅提高对事故责任单位的罚款金额:一般事故二十万至五十万元,较大事故五十万至一百万元,重大事故一百万至五百万元,特别重大事故五百万至一千万元;特别重大事故情节特别严重的,罚款二千万元。四是进一步明确对重大、特别重大事故负有责任的企业主要负责人终身不得担任本行业生产经营单位的主要负责人。

3. 全国人大常委、中国安全生产科学研究院院长　张兴凯

新《安全生产法》修订原因

《安全生产法》出台已经12年之久,社会一直在发展,人的思想也在进步,特别是党中央国务院的执政理念也在逐渐发展。一个守法的企业安全成本很高,不守法的企业安全成本反倒很低。另外还有隐患排查治理体系、标准化等新的工作方法,都是这十几年中出现的。因此,修订《安全生产法》是历史的必然。

新法提出了"以人为本"的要求,把人的生命安全放在更加重要的位置;明确了安全生产格局,使企业安全生产管理部门在履行安全管理职责方面有了法律保障,为基层安监工作提供了新思路。这一定会推动我国安全生产形势的稳定好转。

概括起来,安全生产法的修订可归结为5个方面。一是我国法制建设的整体实践,给《安全生产法》的修订带来很多启示,这些启示必须融入新法里面。二是党中央、国务院全面深化体制改革,进行理体系建设,这对安全生产工作改革,特别是安全生产法制建设,提出了新要求。三是这十几年来,《安全生产法》在实施过程中也总结了一些新成果,这些成果需要融入法律之中。四是在新的时代,面对党中央、国务院的新要求,在《安全生产法》的实施中也遇到了一些新问题。五是国际、国内安全生产工作的新实践,需要以法的程序固定下来。

4. 国家安全生产监督管理总局政策法规司政策法规处处长 兰群足

体现大方向的4个字

修改后的《安全生产法》第九条增加了非常重要的4个字——"行业、领域"。这4字看似平常,实则来之不易,体现着"管行业必须管安全"的法律要求。多年以来,有关方面一直试图分清安全生产综合监管和专项监管的具体职责,这一想法在修法时显得尤为强烈。刚开始,想把"综合监管"4个字展开为"监督检查、指导协调"8个字。习近平总书记作出"管行业必须管安全"等重要指示后,立法小组想把"国务院有关部门"展开,按照《国务院关于加强企业安全生产工作的通知》要求,点一点几个重要的部门,并写上"按照管行业必须管安全的原则"。但到了立法机关,有的人觉得比较繁琐,而且有关部门只点几个,也恐挂一漏万。后来,就修改成"在各自的职责范围内对有关行业、领域的安全生产工作实施监督管理。"实际上,这4字的意思就是"管行业必须管安全"。至于如何进一步明确综合监管的具体职责,协调起来难度较大,而且法律固化后调整也不方便,还是由国务院直接规定和根据需要及时调整较合适。

寄予厚望的一条

总则第十二条——有关协会组织依照法律、行政法规和章程,为生产经营单位提供安全生产方面的信息、培训等服务,发挥自律作用,促进生产经营单位加强安全生产管理。

本届政府成立后,把转变政府职能作为深化行政体制改革的核心,把减少行政审批作为转变职能的突破口。要求大幅减少和下放行政审批事项,真正向市场放权,发挥社会力量作用。安全生产不仅如此,而且修法时恰逢其时,减少许可审批的压力很大。按照国务院要求,到2014年年底,原则上要减少一半以上行政审批事项,有的职能还要向协会转移。为此,在立法机关审议过程中,有的提出希望在《安全生产法》中加大行业协会的辅助、支持、培育力度。有的提出安全监管部门由于受人员和技术等限制,开展工作须依靠有关第三方机构,要鼓励协会和技术服务组织发展,精简安全生产行政审批事项。例如推进安全生产标准化建设、开展安全生产宣传教育都离不开协会组织。修改后的《安全生产法》作出上述规定,主要是为促进协会发展留下法律依据,这也是改革的要求和发展方向。当然,要按照国务院要求逐步推进行业协会商会与行政机关脱钩,强化行业自律,使行业协会商会真正成为提供服务、反映诉求、规范行为的主体,同时要一业多会,引入竞争机制。

第三计
法律条文是红线
仔细研读莫逾越

——新《安全生产法》法条精释

第一章 总 则

第一条 为了加强安全生产工作,防止和减少生产安全事故,保障人民群众生命和财产安全,促进经济社会持续健康发展,制定本法。

【要点精释】本条是关于本法立法目的的规定。

本条明确了4个层次的立法目的，互相联系，层层递进，集中展现了《安全生产法》的价值和目标。

（一）制定《安全生产法》是为了加强安全生产工作

安全生产事关人民群众生命财产安全，事关改革开放、经济发展和社会稳定大局，事关党和政府的形象，是一项只能持续加强而不能有任何削弱的极为重要的工作。

（二）制定《安全生产法》是为了防止和减少生产安全事故

防止和减少生产安全事故，是制定《安全生产法》的基本目的。

（三）制定《安全生产法》是为了保障人民群众生命和财产安全

人民群众的生命和财产安全，是人民群众的根本利益所在。加强安全生产工作，防止和减少生产安全事故，归根到底是为了保障人民群众的生命和财产安全，这是以人为本理念的本质要求。

（四）制定《安全生产法》是为了促进经济社会持续健康发展

这次《安全生产法》修改，将原来立法目的中的"促进经济发展"修改为"促进经济社会持续健康发展"，体现了科学发展观和安全发展理念的必然要求。安全生产不仅是经济问题，更是社会问题。这一新表述，把安全生产工作放在了社会经济发展的整体格局中，进一步表明了安全生产工作在社会经济发展中的重要位置。

第二条 在中华人民共和国领域内从事生产经营活动的单位（以下统称生产经营单位）的安全生产，适用本法；有关法律、行政法规对消防安全和道路交通安全、铁路交通安全、水上交通安全、民用航空安全以及核与辐射安全、特种设备安全另有规定的，适用其规定。

【要点精释】本条是关于《安全生产法》适用范围的规定。

关于安全生产法的空间效力问题，由于法律空间效力范围的普遍原则，是适用于制定它的机关所管辖的全部领域，《安全生产

法》作为我国最高权力机关的常设机构——全国人大常委会制定的法律，其效力自然涵盖中华人民共和国的全部领域。

1. 本法是专门调整涉及安全生产的相关关系的法律，因此，其适用的范围只限定在生产经营领域。这里讲的"生产经营活动"，既包括资源的开采活动，各种产品的加工、制作活动，也包括各类工程建设和商业、娱乐业以及其他服务业的经营活动。

2. 本法适用的主体范围，包括一切从事生产经营活动的国有企事业单位、集体所有制的企事业单位、股份制企业、中外合资经营企业、中外合作经营企业、外资企业、合伙企业、个人独资企业等，无论其经济性质、规模大小如何，只要从事生产经营活动的，都应遵守本法的各项规定，违反本法规定的行为将受到法律的追究。

3. 按照依法治国、依法行政的要求，各级人民政府及政府有关部门对安全生产的监督管理，也必须遵守本法规定。依照本法规定对安全生产工作负有监督管理职责的机关及其工作人员不依法履行职责、玩忽职守或者滥用职权的，将受到法律的追究。

鉴于已有《消防法》《道路交通安全法》《铁路法》《海上交通安全法》《民用航空法》《放射性污染防治法》《特种设备安全法》等法律，因此，本条规定，有关法律、行政法规对消防安全和道路交通安全、铁路交通安全、水上交通安全和民用航空安全以及核与辐射安全、特种设备安全另有规定的，分别适用其规定。

第三条 安全生产工作应当以人为本，坚持安全发展，坚持安全第一、预防为主、综合治理的方针，强化和落实生产经营单位的主体责任，建立生产经营单位负责、职工参与、政府监督、行业自律和社会监督的机制。

【要点精释】本条是关于安全生产工作的理念、方针和机制等内容的规定。

（一）安全生产工作应当以人为本

安全生产工作事关人民群众的生命和财产安全这一最根本利

益,强调安全生产工作坚持以人为本,具有特殊重要的意义,这是安全生产工作的核心理念。这一理念首先要求安全生产工作始终要把人的因素放在首位,把保障人民群众生命和财产安全作为根本出发点和落脚点,一切有关安全生产的方针政策、法律制度、工作安排和实施等必须紧紧围绕并服从服务于这一根本要求。同时,安全生产工作必须坚持依靠群众,充分调动包括从业人员在内的广大人民群众的主动性和积极性。

(二)坚持安全发展

安全发展在我国安全生产工作中具有重要的战略性地位,安全生产是安全发展的重要组成部分,安全生产工作必须坚持安全发展。

(三)安全生产工作的方针

这次《安全生产法》修改时,在原来规定的"安全第一、预防为主"的基础上,将"综合治理"补充规定为安全生产工作的方针,使安全生产工作方针更为完善,进一步增强了针对性以及对安全生产工作的指导意义。将"综合治理"补充规定为安全生产工作的方针之一,是对我国安全生产工作实践经验的总结,也是对安全生产工作规律认识的不断深化。安全生产是一项系统工程,需要多方面统筹协调、齐抓共管,综合施策、标本兼治,运用法律、经济、行政、技术、管理等手段,充分调动全社会力量,群防群治,才能达到预期目标。

(四)强化和落实生产经营单位的主体责任

生产经营单位是生产经营活动的主体,是保障安全生产的根本和关键所在。做好安全生产工作,强化和落实生产经营单位主体责任是根本,这已经被我国安全生产工作的实践所证明。《安全生产法》对此进一步明确重申和强调,具有重要的现实意义。

(五)建立安全生产工作的机制

安全生产工作涉及方方面面,需要建立有效的机制,明确各方面的权利义务和责任,形成齐抓共管的工作格局。因此,这次

修改《安全生产法》时增加规定"建立生产经营单位负责、职工参与、政府监管、行业自律和社会监督的机制"。这是对安全生产工作经验的总结，反映了安全生产工作的特点和规律。

第四条　生产经营单位必须遵守本法和其他有关安全生产的法律、法规，加强安全生产管理，建立健全安全生产责任制和安全生产规章制度，改善安全生产条件，推进安全生产标准化建设，提高安全生产水平，确保安全生产。

【要点精释】

本条是关于生产经营单位基本义务的规定。

一、遵守法律法规的义务

本法是有关安全生产的专门法律，确立了有关安全生产的各项基本法律制度，是生产经营单位在安全生产方面必须遵守的行为规范。其他有关安全生产的法律，包括矿山安全法、建筑法、煤炭法等，国务院也制定了若干有关安全生产的行政法规，各地方也根据法律、行政法规，结合本地实际情况，制定了一批有关安全生产的地方性法规。对这些有关安全生产的法律、法规，各生产经营单位都必须严格遵照执行。

二、加强安全生产管理

安全生产管理是企业管理的重要内容。"管生产必须管安全"。生产经营单位必须严格遵守安全生产法律法规、规章制度与技术标准，依法依规加强安全生产，加大安全投入，要依法设置安全生产的管理机构、管理人员，建立健全本单位安全生产的各项规章制度并组织实施，保持安全设备设施完好有效。生产经营单位的主要负责人、实际控制人要切实承担安全生产第一责任人的责任，带头执行现场带班制度，加强现场安全管理。做好对从业人员的安全生产教育和培训，企业主要负责人、安全管理人员、特种作业人员一律经严格考核，持证上岗，职工必须全部经培训合格后才能上岗。坚持不安全不生产。搞好生产作业场所、设备、设施的安全管理等。

三、建立健全安全生产责任制和安全生产规章制度

安全生产责任制,是根据我国的安全生产方针"安全第一、预防为主、综合治理"和安全生产法规建立的各级领导、职能部门、工程技术人员、岗位操作人员在劳动生产过程中对安全生产层层负责的制度。安全生产责任制是企业岗位责任制的一个组成部分,是企业中最基本的一项安全制度,也是企业安全生产、劳动保护管理制度的核心。根据"管生产必须管安全"的原则,安全生产责任制综合各种安全生产管理、安全操作制度,对生产经营单位和企业各级领导、各职能部门、有关工程技术人员和生产工人在生产中应负的安全责任加以明确规定的制度,主要包括各岗位的责任人员、责任范围和考核标准等内容。在企业安全生产责任制中,企业的主要负责人应对本单位的安全生产工作全面负责,其他各级管理人员、职能部门、技术人员和各岗位操作人员,应当根据各自的工作任务、岗位特点,确定其在安全生产方面应做的工作和应负的责任,并与奖惩制度挂钩。实践证明,凡是建立健全了安全生产责任制的企业,各级领导重视安全生产、劳动保护工作,切实贯彻执行党的安全生产、劳动保护方针、政策和国家的安全生产、劳动保护法规,在认真负责地组织生产的同时,积极采取措施,改善劳动条件,工伤事故和职业性疾病就会减少。反之,就会职责不清,相互推诿,而使安全生产、劳动保护工作无人负责,无法进行,工伤事故与职业病就会不断发生。

安全生产规章制度,是以安全生产责任制为核心的,指引和约束人们在安全生产方面的行为,是安全生产的行为准则。其作用是明确各岗位安全职责,规范安全生产行为,建立和维护安全生产秩序。安全生产规章制度包括安全生产责任制、安全操作规程和基本的安全生产管理制度,是生产经营单位制定的组织生产过程和进行生产管理的规则和制度的总和,也称为内部劳动规则,是生产经营单位内部的"法律"。安全制度的建立与健全是企业安全生产管理工作的重要内容,实践中一些生产经营单位不重视安

全生产，尤其是不重视规章制度建设，没有规章制度，安全生产责任制不落实，极易出现安全生产事故，因此，本法强调生产经营单位要建立健全安全生产规章制度。

第五条 生产经营单位的主要负责人对本单位的安全生产工作全面负责。

【要点精释】本条是关于生产经营单位的主要负责人在安全生产方面的责任的规定。

生产经营单位的主要负责人是生产经营活动的决策者和指挥者，是生产经营单位的最高决策者和指挥者，是生产经营单位最高的领导者和管理者。在一般情况下，生产经营单位的主要负责人就是其法定代表人，如公司制的董事长、执行董事或者经理，非公司制企业的厂长、经理等。对合伙企业、个人独资企业、个体工商户等，其投资人或者负责执行生产经营活动的人就是主要负责人。需要注意的是，实际上存在代表人和实际经营决策人分离的情况，如跨国集团公司的法定代表人往往在国外，并且不具体负责企业的日常生产经营活动，或者公司的法定代表人因生病、学习等原因长期缺位，由其他负责人主持公司的全面工作。在这种情况下，那些真正全面组织、领导公司生产经营活动的实际负责人就是本条所说的生产经营单位的主要负责人。

第六条 生产经营单位的从业人员有依法获得安全生产保障的权利，并应当依法履行安全生产方面的义务。

【要点精释】本条是关于生产经营单位的从业人员在安全生产方面的权利与义务的概括性规定。

（一）从业人员在安全生产方面的权利

概括起来，从业人员在安全生产方面的权利主要包括：

1. 依法获得工伤保险的权利。生产经营单位在与从业人员订立的劳动合同中，应当载明有关保障从业人员劳动安全和依法为从业人员办理工伤保险的事项。生产经营单位与从业人员订立的合同中，不得含有免除或者减轻生产经营单位对从业人员因生安全事故造成的伤亡依法应承担的责任的内容。

2. 了解作业场所和工作岗位存在的危险因素的权利。生产经营单位有义务将作业场所和工作岗位中存在的可能导致生产安全事故的危险因素如实、全面地告知从业人员。

3. 了解和掌握事故的防范措施和应急措施，并对本单位的安全生产工作提出意见和建议的权利。生产经营单位有义务将生产安全事故的防范措施和事故的应急措施告知从业人员，并认真听取从业人员关于安全生产工作的意见和建议。

4. 对安全生产工作中存在的问题提出批评、检举和控告的权利，拒绝违章指挥和强令冒险作业的权利。生产经营单位不得因从业人员对本单位安全生产工作提出批评、检举、控告或者拒绝违章指挥和强令冒险作业而降低从业人员的工资、福利等待遇或者解除与其签订的劳动合同。

5. 发现直接危及人身安全的紧急情况时，有进行紧急避险的权利，即可以停止作业或者在采取可能的应急措施后撤离作业场所。

6. 因生产安全事故受到损害时，除依法享有工伤保险外，还有依照民事法律的相关规定，向本单位提出赔偿要求的权利。

（二）从业人员在安全生产方面的义务

从业人员在依法获得安全生产保障权利的同时，也必须依法履行安全生产方面的相应义务。主要包括：

1. 遵守国家有关安全生产的法律、法规和规章。有关安全生产的法律、法规和规章是对安全生产的基本要求和保障，每一个从业人员都有义务严格遵守。

2. 严格遵守本单位的安全生产规章制度和操作规程，服从安全生产管理。

3. 正确佩戴和使用劳动防护用品，严禁在作业过程中不佩戴、不使用或者不正确佩戴、使用劳动防护用品。

4. 自觉接受生产经营单位有关安全生产的教育和培训，掌握所从事工作应当具备的安全生产知识。

5. 在作业过程中发现事故隐患或者其他不安全因素,应当立即向现场安全生产管理人员或者本单位负责人报告。

第十四条 国家实行生产安全事故责任追究制度,依照本法和有关法律、法规的规定,追究生产安全事故责任人员的法律责任。

【要点精释】本条是关于生产安全事故责任追究制度的规定。

生产安全事故责任人员,既包括生产经营单位中对事故负有责任的人员,也包括政府及其有关部门对事故的发生负有领导责任或者有失职、渎职情形的有关人员,特殊情况下还可能包括上述人员以外的其他人员。

正确贯彻这一制度应当注意以下三个问题:

1. 客观上必须有责任事故的发生。本法要追究责任的是责任事故,因此,有无责任事故的发生是追究有关责任人法律责任的前提,离开了这一前提,责任追究将无从谈起。

2. 承担责任的主体必须是事故责任人。分清事故责任,确定事故责任人,是追究法律责任的前提。这就要求在事故调查的基础上,对事故责任加以认真分析判断,寻找出真正的事故责任人。

凡是对生产安全事故负有责任的人员,都必须承担责任;反之,就不应承担责任。这是责任自负的法制原则在责任追究制度中的具体体现。

3. 必须依法追究责任。在追究有关责任人员的责任时,必须严格按照法律、法规规定的程序、责任的种类和幅度执行,做到罚当其责、罪罚相称。追究责任的种类既包括行政责任也包括民事责任和刑事责任。

第十六条 国家对在改善安全生产条件、防止生产安全事故、参加抢险救护等方面取得显著成绩的单位和个人,给予奖励。

【要点精释】根据本条规定,在以下三方面为安全生产工作作出显著成绩的,由国家给予奖励:

一、在改善安全生产条件方面作出显著成绩的。例如,通过发明创造、技术革新,发明了新的安全高效的机器、设备、工具;或者对原有的机器、设备、工具做了改进,显著提高了安全性能;或者改进了作业场所的安全生产条件;或者改进了工艺方法,大大减少了作业中的危险性;或者发明了更为安全有效的防护用品等,使生产经营活动中的安全条件显著提高的,都应当给予奖励。

二、在防止生产安全事故方面作出显著成绩的。例如,及时发现、消除了安全事故隐患,防止了重大事故的发生;提出了行之有效的事故预防、控制方法等。

三、参加抢险救护作出显著成绩的。在事故的抢险救护工作中尽职尽责、见义勇为、不怕牺牲、不畏艰险,为抢救国家和人民的生命财产做出重要贡献的。

给予奖励的主体可以是各级人民政府,也可以是政府有关部门。受奖励的主体,可以是单位,也可以是个人。

第二章 生产经营单位的安全生产保障

第十七条 生产经营单位应当具备本法和有关法律、行政法规和国家标准或者行业标准规定的安全生产条件;不具备安全生产条件的,不得从事生产经营活动。

【要点精释】本条是关于生产经营单位应当具备安全生产条件的原则性规定。

本条规定中所称的"安全生产条件",是指生产经营单位的各个系统、各生产经营环境、所有的设备和设施以及与生产相适应的管理组织、制度和技术措施等,能够满足保障安全的需要,在正常情况下不会导致人员的伤亡或者财产损失。考虑到受行业、规模等因素的影响,不同生产经营单位应当具备的安全生产条件差异较大,很难做出统一规定,本条与有关安全生产的其他法律、行政法规和国家标准或行业标准做了衔接性的规定,明确了生产经营单位应当具备的安全生产条件的主要依据,包括三个层次:

1. 本法和有关法律对生产经营单位安全生产条件的具体规定,如《矿山安全法》《煤炭法》《建筑法》《消防法》《道路交通安全法》《铁路法》《民用航空法》等。

2. 有关行政法规对生产经营单位安全生产条件的具体规定,

如《危险化学品安全管理条例》《烟花爆竹安全管理条例》《民用爆炸物品安全管理条例》《煤矿安全监察条例》等。

3. 有关国家标准或者行业标准对不同类型生产经营单位的安全生产条件的规定。

第十八条　生产经营单位的主要负责人对本单位安全生产工作负有下列职责：

（一）建立健全本单位安全生产责任制；

（二）组织制定本单位安全生产规章制度和操作规程；

（三）组织制定并实施本单位安全生产教育和培训计划；

（四）保证本单位安全生产投入的有效实施；

（五）督促、检查本单位的安全生产工作，及时消除生产安全事故隐患；

（六）组织制定并实施本单位的生产安全事故应急救援预案；

（七）及时、如实报告生产安全事故。

【要点精释】本条是关于生产经营单位的主要负责人对本单位安全生产工作所负职责的规定。

本法在《总则》中明确规定，生产经营单位的主要负责人对本单位安全生产工作全面负责。落实这一规定，还需要进一步明确生产经营单位主要负责人对本单位安全生产工作所负的具体职责。因此，本条规定了生产经营单位主要负责人七个方面的职责：

1. 建立健全本单位安全生产责任制。建立健全安全生产责任制是落实安全生产责任的核心，又涉及本单位各岗位、各环节以及每名职工，必须由主要负责人亲自抓、直接抓才能做好。因此，本条将建立健全本单位安全生产责任制规定为生产经营单位主要负责人的职责之一。

2. 组织制定本单位安全生产规章制度和操作规程。制定安全生产规章制度和操作规程，是加强本单位安全生产管理非常重要的基础性工作，需要强有力的组织保障和推动才能顺利完成。因此，本条规定生产经营单位的主要负责人应当组织制定本单位安全生产规章制度和操作规程。

3. 组织制定并实施本单位安全生产教育和培训计划。由于制定和实施安全生产教育和培训计划涉及本单位整个生产经营活动的布局安排、资金保障、人员调度等重大问题，客观上需要生产经营单位的"一把手"亲自组织推动。

4. 保证本单位安全生产投入的有效实施。本条明确规定由生产经营单位的主要负责人保证安全生产投入的有效实施。所谓"有效实施"，是指主要负责人不仅要保证安全生产投入足额、到位，还要加强对已投入资金的使用情况的监督检查，确保资金管好用好，切实达到保障安全生产的目的。

5. 督促、检查本单位的安全生产工作，及时消除生产安全事故隐患。作为本单位生产经营活动的组织者、指挥者，生产经营单位主要负责人对本单位安全生产工作既要做出全面部署安排，又要进行督促、检查，这对保障安全生产至关重要。对通过各种途径发现的生产安全事故隐患，要及时采取有效措施予以消除，做到防患于未然。

6. 组织制定并实施本单位的生产安全事故应急救援预案。为了保证事故发生时能够有效应对，将事故损失降到最低，生产经营单位必须事先有所准备，制定生产安全事故应急救援预案。这项工作涉及多个方面，需要生产经营单位主要负责人组织制定并推动实施。

7. 及时、如实报告生产安全事故。按照《生产安全事故报告和调查处理条例》《电力安全事故应急处置和调查处理条例》《铁路交通事故应急救援和调查处理条例》《国务院关于预防煤矿生产安全事故的特别规定》等有关行政法规的规定，及时、如实报告生产安全事故，是生产经营单位主要负责人的法定义务。"及时"，要求主要负责人在事故发生后，依照相关规定在最短的时间内向政府和有关部门报告，不得迟报。"如实"，要求主要负责人报告事故的情况要全面、真实、准确和客观，不得谎报、漏报。

第十九条 生产经营单位的安全生产责任制应当明确各岗位的责任人员、责任范围和考核标准等内容。

生产经营单位应当建立相应的机制，加强对安全生产责任制落实情况的监督考核，保证安全生产责任制的落实。

【要点精释】本条是关于生产经营单位安全生产责任制落实和监督考核的规定。

安全生产责任制是按照安全生产方针和"管生产的同时必须管安全"的原则，将各级负责人员、各职能部门及其工作人员和各岗位生产人员在安全生产方面应做的事情和应负的责任加以明确规定的一种制度。安全生产责任制是生产经营单位岗位责任制和经济责任制度的重要组成部分，是生产经营单位各项安全生产规章制度的核心，同时也是生产经营单位最基本的安全管理制度。安全生产责任制应当明确各岗位的责任人员、责任范围和考核标准等内容。建立安全生产责任制的目的,一方面是增强生产经营单位各级负责人员、各职能部门及其工作人员和各岗位人员对安全生产的责任感;另一方面明确这些人员在安全生产中应履行的职能和应承担的责任,以充分调动各级人员和各部门在安全生产方面的积极性和主观能动性,确保安全生产。

生产经营单位是安全生产的责任主体,必须建立安全生产责任制,同时应当建立相应的机制,加强对安全生产责任制落实情况的监督考核,把"安全生产,人人有责"从制度上固定下来。生产经营单位法定代表人要切实履行本单位安全生产第一责任人的职责,把安全生产的责任落实到每个环节、每个岗位、每个人,从而增强各级管理人员的责任心,使安全管理工作既做到责任明确,又互相协调配合,共同努力把安全生产工作真正落到实处。

第二十条 生产经营单位应当具备的安全生产条件所必需的资金投入,由生产经营单位的决策机构、主要负责人或者个人经营的投资人予以保证,并对由于安全生产所必需的资金投入不足导致的后果承担责任。

有关生产经营单位应当按照规定提取和使用安全生产费用,专门用于改善安全生产条件。安全生产费用在成本中据实列支。

安全生产费用提取、使用和监督管理的具体办法由国务院财政部门会同国务院安全生产监督管理部门征求国务院有关部门意见后制定。

【要点精释】本条是关于保证生产经营单位安全生产所需资金投入的责任主体以及安全生产费用的提取、使用和管理制度的规定。

（一）保证安全生产资金投入的责任主体

对于设立了股东会、董事会等决策机构的生产经营单位，由其决策机构保证本单位安全生产的资金投入；没有设立决策机构的生产经营单位，由其主要负责人保证安全生产的资金投入；个人投资经营的生产经营单位，则由投资人保证安全生产的资金投入。生产经营单位的决策机构、主要负责人或者个人经营的投资人在本单位处于决策、领导的地位，明确把保证安全生产所需资金投入的义务赋予这些机构和人员，对于明确责任，切实保证安全生产所需资金的投入，具有重要的意义。

因资金投入不足，使生产经营单位不具备安全生产条件，导致发生生产安全事故的，上述机构和人员应承担相应的法律责任，包括民事赔偿责任、行政责任以及刑事责任。

（二）安全生产费用提取和使用制度

这里的"按照规定"，目前可以理解为按照《企业安全生产费用提取和使用管理办法》的规定；"有关生产经营单位"指的是该管理办法规定的煤炭生产、建设工程施工、危险品生产与储存、交通运输、冶金、机械制造、烟花爆竹生产、武器装备研制生产与试验等领域的企业。考虑到对安全生产费用提取、使用和监督管理的具体办法难以在《安全生产法》中做具体规定，本条同时规定具体办法由国务院财政部门会同国务院安全生产监督管理部门征求国务院有关部门意见后制定，这样既符合目前的实际情况，也便于今后根据实际情况适时调整。

第二十一条 矿山、金属冶炼、建筑施工、道路运输单位和危险物品的生产、经营、储存单位,应当设置安全生产管理机构或者配备专职安全生产管理人员。

前款规定以外的其他生产经营单位,从业人员超过一百人的,应当设置安全生产管理机构或者配备专职安全生产管理人员;从业人员在一百人以下的,应当配备专职或者兼职的安全生产管理人员。

【要点精释】本条是关于生产经营单位设置安全生产管理机构和配备安全生产管理人员的规定。

安全生产管理机构和安全生产管理人员,是生产经营单位开展安全生产管理工作的重要前提,在生产经营单位的安全生产中发挥着不可或缺的重要作用。分析近年来发生的生产安全事故,生产经营单位没有设置相应的安全生产管理机构或者配备必要的安全生产管理人员,是重要原因之一。特别是在市场经济条件下,这一问题更加突出。因此,明确生产经营单位在设置安全生产管理机构和配备安全生产管理人员方面的义务,对于加强安全生产管理工作,十分必要。

第二十二条 生产经营单位的安全生产管理机构以及安全生产管理人员履行下列职责:

(一)组织或者参与拟订本单位安全生产规章制度、操作规程和生产安全事故应急救援预案;

(二)组织或者参与本单位安全生产教育和培训,如实记录安全生产教育和培训情况;

(三)督促落实本单位重大危险源的安全管理措施;

(四)组织或者参与本单位应急救援演练;

(五)检查本单位的安全生产状况,及时排查生产安全事故隐患,提出改进安全生产管理的建议;

(六)制止和纠正违章指挥、强令冒险作业、违反操作规程的行为;

(七)督促落实本单位安全生产整改措施。

【要点精释】本条是关于生产经营单位的安全生产管理机构以及安全生产管理人员职责的规定。

生产经营单位是保障安全生产的责任主体。切实抓好生产经营单位的安全生产工作，是预防和减少安全生产事故的基础和关键。现行法根据不同生产经营单位的安全风险程度，对其安全生产管理机构的设置和安全生产管理人员的配备作了规定。各方面意见认为，安全生产人命关天，法律应当对生产经营单位安全生产管理机构和安全管理人员的基本职责作出规定，以保障、规范和督促其依法履行职责。为此，新安法增加了生产经营单位安全生产管理机构及安全生产管理人员基本职责的规定。

第二十三条 生产经营单位的安全生产管理机构以及安全生产管理人员应当恪尽职守，依法履行职责。

生产经营单位作出涉及安全生产的经营决策，应当听取安全生产管理机构以及安全生产管理人员的意见。

生产经营单位不得因安全生产管理人员依法履行职责而降低其工资、福利等待遇或者解除与其订立的劳动合同。

危险物品的生产、储存单位以及矿山、金属冶炼单位的安全生产管理人员的任免，应当告知主管的负有安全生产监督管理职责的部门。

【要点精释】本条是关于生产经营单位的安全生产管理机构和安全生产管理人员尽职履责及其相关机制保障的规定。

本次修改增加规定了安全生产管理机构和安全生产管理人员应当履行的职责，为保证这些职责能够切实履行到位，还需要进一步明确规定安全生产管理机构和安全生产管理人员要切实尽职履责，并规定相应的机制保障。

第二十四条　生产经营单位的主要负责人和安全生产管理人员必须具备与本单位所从事的生产经营活动相应的安全生产知识和管理能力。

危险物品的生产、经营、储存单位以及矿山、金属冶炼、建筑施工、道路运输单位的主要负责人和安全生产管理人员，应当由主管的负有安全生产监督管理职责的部门对其安全生产知识和管理能力考核合格。考核不得收费。

危险物品的生产、储存单位以及矿山、金属冶炼单位应当有注册安全工程师从事安全生产管理工作。鼓励其他生产经营单位聘用注册安全工程师从事安全生产管理工作。注册安全工程师按专业分类管理，具体办法由国务院人力资源和社会保障部门、国务院安全生产监督管理部门会同国务院有关部门制定。

【要点精释】本条是关于生产经营单位的主要负责人和安全生产管理人员应当具备的知识、能力和考核制度，以及注册安全工程师制度的原则规定。

（一）对生产经营单位的主要负责人和安全生产管理人员安全生产知识和管理能力的一般性要求

一般说来，生产经营单位的主要负责人要熟悉和了解国家有关安全生产的法律、法规、规章以及方针政策，要对本单位所从事生产经营活动必需的安全知识有一定的了解，并能够较好地组织和领导本单位的安全生产工作。对安全生产管理人员来说，还需要对本单位所从事的生产经营活动需要的安全生产知识有比较具体的、深入的了解和掌握,并能够熟练地在安全生产管理工作中运用。

(二)对危险物品的生产、经营、储存单位以及矿山、金属冶炼、建筑施工、道路运输单位的主要负责人和安全生产管理人员安全生产知识和能力的要求

由于危险物品的生产、经营、储存单位以及矿山、建筑施工单位专业性强、危险性大,属于事故多发的领域,对这类生产经营单位的主要负责人和安全生产管理人员的安全生产知识和管理能力应当有更高的要求。考虑到金属冶炼、道路运输单位的危险性也比较大,这次修改《安全生产法》时将这两类单位也纳入本款规定的适用范围。

(三)关于注册安全工程师制度的原则性规定

对注册安全工程师制度作了原则性规定。主要有三方面的内容:

1. 要求有关高危行业生产经营单位有注册安全工程师从事安全生产管理工作。危险物品的生产、储存单位以及矿山、金属冶炼单位危险性较大,对其安全生产管理人员的专业水平和能力应当有更高的要求;同时,要求这些单位有注册安全工程师从事安全生产管理工作,已经有一定的实践基础。

2. 鼓励其他生产经营单位聘用注册安全工程师从事安全生产管理工作。

3. 注册安全工程师按专业分类管理,具体办法由国务院有关部门制定。由于各行业、领域生产经营活动的性质、特点等差别很大,注册安全工程师不可能是"通才""全才",必须按专业分类管理,才能适应实际需要。

第二十五条 生产经营单位应当对从业人员进行安全生产教育和培训,保证从业人员具备必要的安全生产知识,熟悉有关的安全生产规章制度和安全操作规程,掌握本岗位的安全操作技能,

了解事故应急处理措施,知悉自身在安全生产方面的权利和义务。未经安全生产教育和培训合格的从业人员,不得上岗作业。

生产经营单位使用被派遣劳动者的,应当将被派遣劳动者纳入本单位从业人员统一管理,对被派遣劳动者进行岗位安全操作规程和安全操作技能的教育和培训。劳务派遣单位应当对被派遣劳动者进行必要的安全生产教育和培训。

生产经营单位接收中等职业学校、高等学校学生实习的,应当对实习学生进行相应的安全生产教育和培训,提供必要的劳动防护用品。学校应当协助生产经营单位对实习学生进行安全生产教育和培训。

生产经营单位应当建立安全生产教育和培训档案,如实记录安全生产教育和培训的时间、内容、参加人员以及考核结果等情况。

【要点精释】本条是关于生产经营单位对从业人员进行安全生产教育和培训的规定。

通过安全生产教育和培训,生产经营单位要保证从业人员具备从事本职工作所应具备的安全生产知识,熟悉有关的安全生产

规章制度和安全操作规程，掌握本岗位的安全操作技能，对于没有经过安全生产教育和培训或者培训不合格的从业人员，生产经营单位不得安排其上岗作业。

本法修正，规定生产经营单位应当将被派遣劳动者纳入本单位从业人员统一管理，对被派遣劳动者进行岗位安全操作规程和安全操作技能的教育和培训，对于确保被派遣劳动者与生产经营单位从业人员同样具备必要的安全生产知识和安全技能，保障安全生产，具有重要现实意义。《劳动合同法》对此也规定，用工单位应当对在岗被派遣劳动者进行工作岗位所必需的培训。同时，劳务派遣单位作为被派遣劳动者的用人单位，也是本法的生产经营单位，有对本单位从业人员进行安全生产教育和培训的义务，必须认真执行本法规定，对被派遣劳动者进行必要的安全生产教育和培训，保证被派遣劳动者具备基本的安全生产知识和技能，熟悉自身在安全生产方面的权利和义务。

近年来，生产经营单位接收的实习生在工作过程中由于经验不足，发生事故的概率逐年增加，为此，新法规定："生产经营单位接收中等职业学校、高等学校学生实习的，应当对实习学生进行相应的安全生产教育和培训，提供必要的劳动防护用品。学校应当协助生产经营单位对实习学生进行安全生产教育和培训。"在现行法规定生产经营单位应当对从业人员进行安全生产教育和培训的基础上，为督促生产经营单位切实做好安全生产教育和培训工作，新法强调："生产经营单位应当建立安全生产教育和培训档案，如实记录安全生产教育和培训的时间、内容、参加人员以及考核结果等情况。"

第二十六条 生产经营单位采用新工艺、新技术、新材料或者使用新设备，必须了解、掌握其安全技术特性，采取有效的安全防护措施，并对从业人员进行专门的安全生产教育和培训。

【要点精释】本条是关于生产经营单位采用新工艺、新技术、新材料、新设备时有关安全责任的规定。

随着经济发展、科技进步以及引进国外先进技术和设备的增加，越来越多的新工艺、新技术、新材料或者新设备被广泛应用于生产经营活动中。一方面，对于促进生产经营效率提高和产品升级换代，具有重要意义，也给经济发展带来巨大的生机与活力；另一方面，如果生产经营单位对所采用的新工艺、新技术、新材料或者使用的新设备了解与认识不足，对其安全技术性能掌握得不充分，或者没有采取有效的安全防护措施，不对从业人员进行专门的安全生产教育和培训，这些新工艺、新技术、新材料或者新设备就可能成为导致事故的重大隐患。生产经营单位通常会对职工使用新工艺、新技术、新材料和新设备的方法进行培训，以使员工尽早熟悉业务，利用这些新手段为生产经营单位带来利润，但这种培训可能漏掉了有相关安全特性、安全防护措施等关系安全生产的内容。

因此，生产经营单位采用新工艺、新技术、新材料或者使用新设备，必须了解、掌握其安全技术特性，采取有效的安全防护措施，并对从业人员进行专门的安全生产教育和培训。

第二十七条　生产经营单位的特种作业人员必须按照国家有关规定经专门的安全作业培训，取得相应资格，方可上岗作业。

特种作业人员的范围由国务院安全生产监督管理部门会同国务院有关部门确定。

【要点精释】本条是关于生产经营单位的特种作业人员上岗资格及特种作业人员范围的确定机制的规定。

本条规定的生产经营单位的特种作业人员，是指其作业的场所、操作的设备、操作内容具有较大的危险性，容易发生伤亡事故，或者容易对操作者本人、他人以及周围设施的安全造成重大危害的作业人员。如电工、焊工、起重机械操作工（含电梯工）、生产经营单位内机动车辆驾驶人员、登高架设作业人员、锅炉作业人员（含水处理人员）、压力容器操作人员、制冷作业人员、爆破作业人员、矿山通风作业人员（含瓦斯检验人员）、矿山排水作业人员等。

特种作业人员未经专门安全作业培训并取得相应资格的，不得上岗作业；否则就要追究其所在生产经营单位的责任。实际上，对生产经营单位的特种作业人员进行特别管理，在我国现行有关安全生产的法律法规（如《矿山安全法》《消防法》）中已有规定。在实践中，这项制度对防止和减少伤亡事故、保障安全生产也起到了很大的作用。

第二十八条 生产经营单位新建、改建、扩建工程项目（以下统称建设项目）的安全设施，必须与主体工程同时设计、同时施工、同时投入生产和使用。安全设施投资应当纳入建设项目概算。

【要点精释】 本条是关于建设项目的安全设施"三同时"原则的规定。

建设项目的安全设施必须与主体工程同时设计、同时施工、同时投入生产和使用，通常称为"三同时"原则。生产安全事故的发生，很多是由于生产经营单位缺乏安全生产意识，在建设项目的设计和施工阶段忽视生产的安全要求，没有配备应有的安全设施，从而导致项目建成后，存在着严重的设计性安全隐患，而消除这些隐患往往需要付出巨大的代价，有些甚至不可挽回，从而造成严重的资金浪费并可能造成生产安全事故。因此，在建设项目的设计施工阶段就做好生产安全事故的预防工作，对于防止和减少生产安全事故，具有重要的意义。

第二十九条 矿山、金属冶炼建设项目和用于生产、储存、装卸危险物品的建设项目，应当按照国家有关规定进行安全评价。

【要点精释】 本条是关于矿山、金属冶炼建设项目和用于生产、储存、装卸危险物品的建设项目应当进行安全评价的规定。

高危建设项目，安全管理措施是按照国家有关规定进行安全评价。安全评价是指从技术、经济、社会等角度对建设项目的安全情况进行分析、评估，并提出防治对策和措施。建设项目安全评价涉及的内容很多，如水文、地质条件分析，厂址的选择，技

 最新《安全生产法》学习读本

术上的保证等,是一项系统性工作。如何实施安全评价,本条未作具体规定,仅规定"按照国家有关规定进行"。这里的"国家有关规定"包括国家安全监督管理总局和国务院有关部门制定的安全评价通则、导则等。实践中,技术力量较强、有条件的生产经营单位,可以自己承担安全评价,也可以委托专业机构进行安全评价。

第三十二条 生产经营单位应当在有较大危险因素的生产经营场所和有关设施、设备上,设置明显的安全警示标志。

【要点精释】本条是关于设置安全警示标志的规定。

一般来说，作业性质、使用的设备、材料或者储存的物品有危险因素，容易造成从业人员或者其他人员伤亡，或者操作使用中容易对人身造成伤害的生产经营场所和有关设施、设备，都属于"有较大危险因素"。例如，切割车间、吊装作业现场、危险物品的储存仓库等，就是具有较大危险因素的生产经营场所。对这些有较大危险因素的生产经营场所和有关设施、设备，应当设置明显的安全警示标志。安全警示标志是指提醒人们注意的各种标牌、文字、符号以及灯光等。如有人活动的坑槽、洞口、梯道、桥涵等处，应设立红灯示警。生产经营单位的有关道路应该坚实平坦、畅通，减少弯道和交叉。必须交叉时，应当设置明显的警示标志，夜间保证充足照明和红灯示警。在施工现场的悬崖、陡坎等危险地区应有警戒标志，夜间要设红灯示警。另外，在施工现场坑、井、沟和各种孔洞、易燃易爆场所、变压器周围，都要设置安全标志，夜间要设红灯示警。安全警示标志应当明显，便于作业人员及社会公众识别。如果是灯光标志，需要其明亮显眼；如果是文字图形标志，则要求其明确易懂。各种警示标志，未经有关负责人批准，不得移动和拆除。

国家制定了一系列关于安全警示标志的标准，如《安全标志及其使用导则》(GB 2894—2008)、《安全标志使用导则》(GB 1679—1996)、《安全色》(GB 2893—2008)、《矿山安全标志》(GB 14161—2008)和《工作场所职业病危害警示标识》(GBZ 158—2003)等，国家安全生产监督管理总局还建立了安全警示标志管理制度。这些标准和制度都是生产经营单位切实履行本条规定义务的重要依据。

第三十三条 安全设备的设计、制造、安装、使用、检测、维修、改造和报废，应当符合国家标准或者行业标准。

生产经营单位必须对安全设备进行经常性维护、保养，并定期检测，保证正常运转。维护、保养、检测应当作好记录，并由有关人员签字。

【要点精释】本条是关于安全设备的设计、制造、安装、使用、检测、维修、改造和报废及维护、保养、检测的基本要求的规定。

（一）安全设备的设计、制造、安装、使用、检测、维修、改造和报废，应当符合国家标准或者行业标准

本条规定安全设备从设计、制造、安装、使用到检测、维修、改造和报废，都必须符合国家标准或者行业标准。安全设备的设计、制造、安装、使用、检测、维修、改造和报废的各个环节，都必须符合国家标准或者行业标准，从事安全设备的设计、制造、安装、使用、检测、维修、改造和报废的单位和个人，也必须按照这个标准进行相应的活动。这对于保证安全设备的质量和正确使用，以及保证其处于正常运转状态，都具有重要意义。

（二）生产经营单位必须保证安全设备正常运转

生产经营单位必须根据各种安全设备的实际情况，对安全设备进行经常性的维护、保养，并定期检测，保证正常运转。这就要求生产经营单位在人力、财力以及制度、技术等方面都做好必要的安排和准备，把安全设备的维护、保养作为安全生产管理的重要内容和一项经常性、制度性的工作来抓，不能不做，也不能想起来就做、想不起来就不做。同时，要根据安全设备的特性，定期进行检测，发现安全设备性能有问题的，应当及时维修或者更换。总之，要始终保证安全设备处于正常运转的状态，能够为保证安全真正发挥作用。

第三十四条　生产经营单位使用的危险物品的容器、运输工具，以及涉及人身安全、危险性较大的海洋石油开采特种设备和矿山井下特种设备，必须按照国家有关规定，由专业生产单位生产，并经具有专业资质的检测、检验机构检测、检验合格，取得安全使用证或者安全标志，方可投入使用。检测、检验机构对检测、检验结果负责。

【要点精释】本条是关于危险物品和特种特备的生产、检验的规定。

依据《危险化学品安全管理条例》的规定，质量监督检验检疫部门负责核发危险化学品及其包装物、容器（不包括储存危险化学品的固定式大型储罐）生产企业的工业产品生产许可证，并依法对其产品质量实施监督，负责对进出口危险化学品及其包装实施检验。生产列入国家实行生产许可证制度的工业产品目录的危险化学品包装物、容器的企业，应当依照《工业产品生产许可证管理条例》的规定，取得工业产品生产许可证；其生产的危险化学品包装物、容器经具有专业资质检验机构检验合格，方可出厂销售。从事危险物品的容器、运输工具检测、检验的机构，必须具备相应的专业资质。从事监督检验工作的技术机构应当具备相应的条件，经省级以上质量技术监督行政部门资格认可并授权后，方可开展授权项目的特种设备监督检验工作。同时，检测、检验机构应当严格按照有关规定进行检测、检验工作并对检测、检验结果负责。

依照《特种设备安全法》第一百条规定，铁路机车、海上设施和船舶、矿山井下使用的特种设备以及民用机场专用设备安全的监督管理，房屋建筑工地、市政工程工地用起重机械和场（厂）内专用机动车辆的安装、使用的监督管理，由有关部门依照本法和其他有关法律的规定实施。本法修改，将"涉及生命安全、危险性较大的特种设备"限定为"涉及人身安全、危险性较大的海洋石油开采特种设备和矿山井下特种设备"，并删除了有关特种设备目录的规定。同时，根据行政审批制度改革情况，将"取得专业资质"修改为"具有专业资质"，表明检测检验机构的专业资质，可能继续由有关部门审查颁发，也可能由行业组织进行自律管理。

检测、检验机构应当严格按照有关规定进行检测、检验工作并对检测、检验结果负责。

第三十五条　国家对严重危及生产安全的工艺、设备实行淘汰制度，具体目录由国务院安全生产监督管理部门会同国务院有关部门制定并公布。法律、行政法规对目录的制定另有规定的，适用其规定。

省、自治区、直辖市人民政府可以根据本地区实际情况制定并公布具体目录，对前款规定以外的危及生产安全的工艺、设备予以淘汰。

生产经营单位不得使用应当淘汰的危及生产安全的工艺、设备。

【要点精释】本条是关于对严重危及生产安全的工艺、设备实行淘汰制度的规定。

（一）国家对严重危及生产安全的工艺、设备实行淘汰制度

任何生产经营单位只要使用了严重危及生产安全的工艺、设备，即使安全生产管理得再好、人的作用发挥得再充分，也仍然难以避免生产安全事故的发生。可以说，工艺、设备和安全生产息息相关。为了贯彻"安全第一、预防为主、综合治理"的安全生产工作方针，保证生产经营单位持续具备安全生产条件，有必要通过强制性机制，坚决防止使用严重危及生产安全的工艺、设备。

（二）生产经营单位不得使用应当淘汰的危及生产安全的工艺、设备

这是一项禁止性规定，生产经营单位必须执行。明令淘汰、禁止使用的危及生产安全的工艺、设备明令公布后，生产经营单位必须遵照实行，不得继续使用此类工艺和设备，也不得转让给他人使用。否则，应当承担相应的法律责任。需要指出的是，这里所说的应当淘汰的危及生产安全的工艺、设备，既包括国家层面淘汰目录规定的工艺、设备，也包括省、自治区、直辖市人民政府依照本条规定制定的淘汰目录规定的工艺、设备。

第三十六条　生产、经营、运输、储存、使用危险物品或者处置废弃危险物品的，由有关主管部门依照有关法律、法规的规

定和国家标准或者行业标准审批并实施监督管理。

生产经营单位生产、经营、运输、储存、使用危险物品或者处置废弃危险物品，必须执行有关法律、法规和国家标准或者行业标准，建立专门的安全管理制度，采取可靠的安全措施，接受有关主管部门依法实施的监督管理。

【要点精释】本条是关于生产、经营、运输、储存、使用危险物品或者处置废弃危险物品的安全管理要求的衔接性规定。

（一）生产、经营、运输、储存、使用危险物品或者处置废弃危险物品的审批和监督管理

有关法律、法规对危险物品的生产、经营、运输、储存、使用以及废弃危险物品的处置都规定需经有关部门审批并实施监督管理。《危险化学品安全管理条例》对危险化学品的生产、经营、运输、储存、使用都规定了严格的审批管理制度。《道路交通安全法》规定，机动车载运爆炸物品、易燃易爆化学物品以及剧毒、放射性等危险物品，应当经公安机关批准后，按指定的时间、路线、速度行驶，悬挂警示标志并采取必要的安全措施。《民用爆炸物品安全管理条例》规定，国家对民用爆炸物品的生产、销售、购买、运输和爆破作业实行许可证制度。未经许可，任何单位或者个人不得生产、销售、购买、运输民用爆炸物品，不得从事爆破作业。《烟花爆竹安全管理条例》规定，国家对烟花爆竹的生产、经营、运输和举办焰火晚会以及其他大型焰火燃放活动，实行许可证制度。未经许可，任何单位或者个人不得生产、经营、运输烟花爆竹，不得举办焰火晚会以及其他大型焰火燃放活动。

对于废弃危险物品，《固体废物污染环境防治法》第57条规定，从事收集、储存、处置危险废物经营活动的单位，必须向县级以上人民政府环境保护行政主管部门申请领取经营许可证；从事利用危险废物经营活动的单位，必须向国务院环境保护行政主管部门或者省、自治区、直辖市人民政府环境保护行政主管部门申请领取经营许可证。禁止无经营许可证或者不按照经营许可证规定

从事危险废物收集、储存、利用、处置的经营活动。禁止将危险废物提供或者委托给无经营许可证的单位从事收集、储存、利用、处置的经营活动。

《安全生产法》在总结有关法律、法规规定和实践经验的基础上，进一步明确要求任何单位和个人从事危险物品的生产、经营、运输、储存、使用或者处置废弃危险物品，都必须依法经过审批，未经审批，不得擅自从事有关危险物品生产、经营、运输、储存、使用或者处置废弃危险物品的活动，否则，要承担相应的法律责任。

（二）对生产经营单位生产、经营、运输、储存、使用危险物品或者处置废弃危险物品安全管理的原则性要求

首先，生产、经营、运输、储存、使用危险物品或者处置废弃危险物品，必须执行有关法律、法规和国家标准或者行业标准。

其次，生产、经营、运输、储存、使用危险物品或者处置废弃危险物品，必须建立专门的安全管理制度，采取可靠的安全措施。

最后，生产、经营、运输、储存、使用危险物品或者处置废弃危险物品，必须接受有关主管部门依法实施的监督管理。

第三十七条 生产经营单位对重大危险源应当登记建档，进行定期检测、评估、监控，并制定应急预案，告知从业人员和相关人员在紧急情况下应当采取的应急措施。

生产经营单位应当按照国家有关规定将本单位重大危险源及有关安全措施、应急措施报有关地方人民政府安全生产监督管理部门和有关部门备案。

【要点精释】本条是关于重大危险源的管理规定。

生产经营单位应当严格执行本条的规定，对重大危险源定期进行严格检查，发现其处于不安全状态，应当及时采取有效的治理措施，排除事故隐患，保证重大危险源处于安全可控的状态。

生产经营单位还应当根据重大危险源危险因素的实际情况，预想可能出现的事故，有针对性地制定相应的应急预案，预先做好发生事故时的处理和救援计划，以便于在发生事故时，能够及时抢救并防止损失的扩大。同时，生产经营单位还应将发生紧急情况时应当采取的应急措施告知从业人员和相关人员。相关人员主要是指重大危险源发生事故时，可能受到损害的单位以外的人员，如工厂周围的居民等。

生产经营单位还应当将本单位重大危险源及有关安全措施、应急措施按照国家有关规定报负责安全生产监督管理的部门和有关部门备案。安全生产工作重点在于预防，负责安全生产监督管理的部门及有关部门及时、全面地掌握重大危险源的分布及具体危害情况，可以有针对性地采取措施，加强监督管理，经常性地进行检查，防止生产安全事故的发生。同时，了解生产经营单位重大危险源的情况、安全措施以及应急措施，也有利于有关部门在发生生产安全事故时及时组织抢救，并为事故原因的调查处理提供方便。

第三十八条 生产经营单位应当建立健全生产安全事故隐患排查治理制度，采取技术、管理措施，及时发现并消除事故隐患。事故隐患排查治理情况应当如实记录，并向从业人员通报。

县级以上地方各级人民政府负有安全生产监督管理职责的部门应当建立健全重大事故隐患治理督办制度，督促生产经营单位消除重大事故隐患。

【要点精释】本条是关于生产经营单位建立健全生产安全事故隐患排查治理制度的规定。

生产经营单位应当建立健全生产安全事故隐患排查治理的专门制度，对隐患排查治理做出全面、合理的安排，并抓好督促落实。要制订详细的计划，明确隐患排查治理的责任人、责任范围以及基本要求和目标。要采取技术、管理措施，及时发现并消除事故隐患。同时，对事故隐患排查治理情况应当如实记录，建立事故隐患排查治理信息档案，记录内容应当包括排查时间、事故隐患的具体部位或者场所，发现事故隐患的数量、级别和隐患具体情况，参加隐患排查的人员，事故隐患治理情况、复查情况、复查时间、复查人员等，不得不记、漏记，更不得做虚假记录。记录要向从业人员通报，使从业人员及时了解工作岗位上存在的事故隐患，采取相应的防范措施。

第三十九条　生产、经营、储存、使用危险物品的车间、商店、仓库不得与员工宿舍在同一座建筑物内，并应当与员工宿舍保持安全距离。

生产经营场所和员工宿舍应当设有符合紧急疏散要求、标志明显、保持畅通的出口。禁止锁闭、封堵生产经营场所或者员工宿舍的出口。

【要点精释】本条是关于员工宿舍、生产经营场所安全管理要求的规定。

（一）生产、经营、储存、使用危险物品的车间、商店、仓库不得与员工宿舍在同一座建筑物内，并应当与员工宿舍保持安全

距离

生产、经营、储存、使用危险物品的车间、商店、仓库，很容易发生爆炸、中毒、火灾等事故，与员工宿舍在同一座建筑物内是非常危险的，需要与员工宿舍保持安全距离。所谓安全距离，是指在这个距离之外，即使发生事故，也不致损害宿舍内员工的人身安全，具体标准需要根据危险物品的性质以及生产、储存的规模确定。生产经营单位不得以任何理由违反上述规定，员工也应当提高自我保护意识，拒绝使用生产经营单位提供的违反安全要求的宿舍，并有权向有关部门检举和控告。

（二）对生产经营场所和员工宿舍出口的安全管理要求

一些生产经营单位的生产经营场所或者员工宿舍的建设不符合安全要求，不设紧急出口；有的虽然设了紧急出口，但标志不明显或者不能保持畅通，发生事故时员工无法紧急疏散。也有一些生产经营单位出于各种目的，锁闭、封堵生产经营场所或者员工宿舍的出口，致使发生事故时员工不能及时疏散，逃生无门，造成大量人员伤亡。为了从制度上解决这一问题，避免事故发生，本条明确规定，生产经营场所和员工宿舍应当设有符合紧急疏散需要、标志明显、保持畅通的出口。禁止锁闭、封堵生产经营场所或者员工宿舍的出口。这就要求生产经营场所和员工宿舍在建设时就要考虑好疏散通道、安全出口，出口应当有明显标志，即标志应在容易看到的地方，并保证标志清晰、规范、易于识别。出口应随时保持畅通，不得堆放有碍通行的物品，更不能以任何理由、任何方式，锁闭、封堵生产经营场所或者员工宿舍的出口。

第四十条 生产经营单位进行爆破、吊装以及国务院安全生产监督管理部门会同国务院有关部门规定的其他危险作业，应当安排专门人员进行现场安全管理，确保操作规程的遵守和安全措施的落实。

【要点精释】本条是关于爆破、吊装等危险作业的现场安全管理的规定。

爆破、吊装作业具有较大的危险性，容易发生事故，而且一旦发生事故，将会对作业人员和有关人员造成较大的伤害。因此，进行危险作业时，作业人员必须严格按照操作规程进行操作，同时生产经营单位应当采取必要的事故防范措施，以防止生产安全事故的发生。本条是对原《安全生产法》第35条的修改，增加了危险作业目录的规定。这样修改的目的是通过制定发布危险作业目录的形式，及时调整危险作业的范围，实行动态管理，有利于加强危险作业的安全管理。

（一）爆破、吊装等危险作业的现场安全管理

考虑到爆破、吊装等作业的危险性，在事故防范措施中，很重要的一项就是安排专门的人员进行作业场所的安全管理。现场安全管理人员一方面可以检查作业场所的各项安全措施是否得到落实，另一方面可以监督从事危险作业的人员是否严格按有关操作规程进行操作。同时，现场安全管理人员可以对作业场所的各种情况进行及时协调，发现事故隐患及时采取措施进行紧急排除。这一切，对于保证危险作业的安全进行，都是很重要的。

（二）关于危险作业目录

除爆破、吊装作业外，目前还有一些作业也很危险，如有限空间作业、地下挖掘作业、悬吊作业、临近高压线作业等。因此，本条通过授权的方式明确，其他危险作业由国务院安全生产监督管理部门会同国务院有关部门规定。这样规定，有利于根据安全生产工作的实际，及时公布调整相应的危险作业目录，加强对危险作业的动态安全管理。

第四十一条 生产经营单位应当教育和督促从业人员严格执行本单位的安全生产规章制度和安全操作规程；并向从业人员如实告知作业场所和工作岗位存在的危险因素、防范措施以及事故应急措施。

【要点精释】 本条是关于生产经营单位教育和督促从业人员遵章守规以及告知相关事项的规定。

(一)生产经营单位应当教育和督促从业人员严格执行本单位的安全生产规章制度和安全操作规程

生产经营单位的安全生产规章制度和安全操作规程具有很强的针对性和可操作性,对保障安全生产意义重大。从业人员是生产经营活动的直接实施者,其是否严格遵守本单位的安全生产规章制度和安全操作规程,直接决定着生产能否安全进行。因此,一方面生产经营单位要对从业人员进行安全生产规章制度和安全操作规程教育和培训,保证从业人员熟知安全生产规章制度内容,做到安全操作规程入眼、入脑、入心,自觉遵守安全生产规章制度和安全操作规程;另一方面,生产经营单位也应当教育和督促从业人员严格执行本单位的安全生产规章制度和安全操作规程。要结合本单位实际,制定有针对性的制度,采取多种有效的措施(包括奖惩措施),监督、促使从业人员严格遵守本单位的安全生产规章制度和安全操作规程。对不遵守安全生产规章制度和安全操作规程的从业人员,要采取适当的措施,促使其改正。

(二)生产经营单位应当向从业人员如实告知作业场所和工作岗位存在的危险因素、防范措施以及事故应急措施

生产经营活动的性质多种多样,作业场所和工作岗位存在危险因素是难免的。相对于从业人员来说,生产经营单位对作业场所和工作岗位存在的危险因素、应当采取的防范措施和事故应急措施了解得更为清楚。因此,生产经营单位有义务告知从业人员作业场所和工作岗位存在的危险因素、应当采取的防范措施和事故应急措施。这一方面有利于使从业人员做到心中有数,提高安全生产意识和事故防范能力,减少事故发生,降低事故损失;另一方面也是从业人员知情权的体现。因此,本条规定对作业场所和工作岗位存在的危险因素、应当采取的防范措施和事故应急措

施，生产经营单位应当如实告知从业人员。

第四十二条 生产经营单位必须为从业人员提供符合国家标准或者行业标准的劳动防护用品，并监督、教育从业人员按照使用规则佩戴、使用。

【要点精释】本条是关于劳动防护用品的提供以及佩戴、使用的原则性规定。

（一）生产经营单位必须为从业人员提供符合国家标准或者行业标准的劳动防护用品

劳动防护用品是指由生产经营单位为从业人员配备的，使其在劳动过程中免遭或者减轻事故伤害及职业危害的个人防护装备。生产经营单位为从业人员提供劳动防护用品，是其一项法定义务。《劳动法》第54条规定，用人单位必须为劳动者提供符合国家规定的劳动安全卫生条件和必要的劳动防护用品。本条的规定和《劳动法》的有关规定是衔接的。生产经营单位必须为从业人员提供劳动防护用品，不得不提供，不得以任何理由减少劳动防护用品或延长其使用期限，也不得以发钱发物替代劳动防护用品。

生产经营单位为从业人员提供的劳动防护用品，必须符合国家标准或者行业标准。这是保证劳动防护用品真正起到防护作用，切实保护从业人员人身安全和健康的前提。实践中，一些生产经营单位为了减少成本，不顾劳动防护用品的质量，购买或者自己生产不符合国家标准或者行业标准的劳动防护用品提供给从业人员，直接危及从业人员的生命健康。针对这种情况，本条规定生产经营单位为从业人员提供的劳动防护用品，必须符合国家标准或者行业标准。这就意味着，地方标准和企业标准一般不能适用于劳动防护用品，除非其技术要求高于国家标准或行业标准。

国家安全生产监督管理总局2005年公布的《劳动防护用品监督管理规定》第14条规定："生产经营单位应当按照《劳动防护用

品选用规则》（GB 11651）和国家颁发的劳动防护用品配备标准以及有关规定，为从业人员配备劳动防护用品。"2009年，《个体防护装备选用规范》（GB/T 11651—2008）正式生效，代替原《劳动防护用品选用规则》（GB 11651—89）成为现行有效的劳动防护用品国家标准，该标准充实完善了事故类型和作业类别，根据各工种的劳动环境和劳动条件，对应当配备具有相应安全、卫生性能的劳动防护用品及其技术要求做了规定。此外，住房和城乡建设部组织制定了《建筑施工作业劳动防护用品配备及使用标准》。生产经营单位为从业人员提供的劳动防护用品必须符合上述国家标准或者行业标准的规定。提供不符合国家标准或者行业标准的劳动防护用品的，应当依法承担法律责任。

（二）生产经营单位必须监督、教育从业人员按照使用规则佩戴、使用劳动防护用品

从实践中发生的生产安全事故看，有的并不是由于生产经营单位没有提供劳动防护用品，或者提供的劳动防护用品不符合国家标准或者行业标准造成的，而是由于从业人员没有按照使用规则佩戴、使用劳动防护用品。出现这种情况的原因可能是从业人员不懂得如何佩戴、使用劳动防护用品，也可能是明知应当如何佩戴但不按要求去做。为了使劳动防护用品真正发挥作用，保证安全生产，生产经营单位除了为劳动者提供符合国家标准或者行业标准的劳动防护用品外，还必须采取切实措施，监督、教育从业人员按照使用规则佩戴、使用劳动防护用品。

第四十三条 生产经营单位的安全生产管理人员应当根据本单位的生产经营特点，对安全生产状况进行经常性检查；对检查中发现的安全问题，应当立即处理；不能处理的，应当及时报告本单位有关负责人，有关负责人应当及时处理。检查及处理情况应当如实记录在案。

生产经营单位的安全生产管理人员在检查中发现重大事故隐患，依照前款规定向本单位有关负责人报告，有关负责人不及时

处理的，安全生产管理人员可以向主管的负有安全生产监督管理职责的部门报告，接到报告的部门应当依法及时处理。

【要点精释】本条是关于生产经营单位安全检查和高危行业重大事故隐患报告及处理的规定。

人的不安全行为和物的不安全状态，是造成生产安全事故的基本因素。为了消除这些因素，排除事故隐患，需要对生产经营单位的安全生产状况进行经常性的检查。本条规定，生产经营单位的安全生产管理人员应当根据本单位的生产经营特点，对本单位的安全生产状况进行经常性的检查。生产经营单位的安全生产管理人员在对本单位的安全生产状况进行检查的过程中，发现存在的安全问题，可以处理的应当立即采取措施进行处理，如发现事故隐患，应当立即采取措施加以排除。对于不能当场处理的安全问题，如安全设施不合格，需要改建等情况，安全生产管理人员无法立即采取措施进行处理，但其应该立即将这一情况报告本单位的主要负责人或者是主管安全生产工作的其他负责人。报告应当包括安全问题发现的时间、具体情况以及如何解决等内容。生产经营单位的安全生产管理人员还应当将安全检查的情况，包括检查的时间、范围、内容、发现的问题及其处理情况等都详细如实地记录在案，作为本单位的安全生产档案，以备需要时查阅，如发生事故时作为调查事故原因的依据等。

任何单位和个人发现事故隐患，均有权向安全监管监察部门和有关部门报告。重大事故隐患，是指危害和整改难度较大，应当全部或者局部停产停业，并经过一定时间整改治理方能排除的隐患，或者因外部因素影响致使生产经营单位自身难以排除的隐患。重大隐患一旦演变成事故，后果非常严重。因此，新法特别强调，生产经营单位的安全生产管理人员在检查中发现重大事故隐患，依照前款规定向本单位有关负责人报告，有关负责人不及时处理的，安全生产管理人员应当向主管的负有安全生产监督管理职责的部门报告，接到报告的部门应当依法处理。生产经营单位不得因安全生产管理人员依法履行职责而降低其工资、福利等待遇，或者解除与其订立的劳动合同。

第四十四条 生产经营单位应当安排用于配备劳动防护用品、进行安全生产培训的经费。

【要点精释】本条是关于生产经营单位安排用于配备劳动防护用品、进行安全生产培训的经费的规定。

生产经营单位必须为从业人员提供符合国家标准或者行业标准的劳动防护用品，并应当对从业人员进行安全生产教育和培训，这是其法定义务，本法第25条、第42条对此作了明确规定。真正落实这些要求，一个重要保障就是生产经营单位安排一定数量的经费。用于配备劳动防护用品和进行安全生产培训的经费，是保障安全生产条件所需资金投入的重要组成部分，生产经营单位有义务予以保障。实践中，有些生产经营单位出于减少成本、实现利润最大化的考虑，只愿在一些能直接产生经济回报的生产经营性事务上投入，而在诸如配备劳动防护用品、进行安全生产培训等不能直接带来经济利益的事务方面尽可能压缩开支，甚至根本不予考虑。有的虽然在规章制度中也有安排经费的相关规定，但只是装点门面，没有转化为实际行动。因此，本条在其他有关条文规定生产经营单位应当为从业人员配备劳动防护用品、进行安全生产培训的基础上，进一步将安排相关经费问题加以明确规定，有助于从根本上保障这些规定的落实，增强相关制度的可操作性。

第四十五条 两个以上生产经营单位在同一作业区域内进行生产经营活动，可能危及对方生产安全的，应当签订安全生产管理协议，明确各自的安全生产管理职责和应当采取的安全措施，并指定专职安全生产管理人员进行安全检查与协调。

【要点精释】本条是关于两个以上生产经营单位在同一作业区域内进行生产经营活动时的安全生产管理的规定。

实践中，经常会有两个以上生产经营单位在同一作业区域内

最新《安全生产法》学习读本

进行生产经营活动的情况,如两个矿井在同一或相邻矿区同时进行采矿活动,两个建筑施工单位在同一个建筑工地施工等。在这种情况下,生产经营单位之间可能危及对方生产安全的情况比较容易发生。由于有多个生产经营单位,如果互相之间安全生产管理职责不够清楚、不够协调,发生生产安全事故的可能性会更大,而且一旦发生事故,受损面更广,损失也更大。为解决这种情况下的安全生产管理问题,本条规定了两个以上生产经营单位在同一作业区域内进行生产经营活动时的安全生产管理要求:生产经营单位之间应当签订安全生产管理协议,明确各自的安全生产管理职责和应当采取的安全措施,并指定专职安全生产管理人员进行安全检查与协调。这对于明确责任,加强管理,保证生产经营活动的安全,具有重要意义。

有关生产经营单位应当认真落实本条规定,签订安全生产管理协议,并指定专人进行安全生产检查与协调。违反这些规定的,要承担相应的法律责任。

第四十六条 生产经营单位不得将生产经营项目、场所、设备承包或者出租给不具备安全生产条件或者相应资质的单位或者个人。

生产经营项目、场所发包或者出租给其他单位的,生产经营单位应当与承包单位、承租单位签订专门的安全生产管理协议,或者在承包合同、租赁合同中约定各自的安全生产管理职责;生产经营单位对承包单位、承租单位的安全生产工作统一协调、管理,定期进行安全检查,发现安全问题的,应当及时督促整改。

【要点精释】本条是关于生产经营单位在发包或者出租方面的安全生产责任的规定。

根据本法的有关规定,生产经营单位应当具备法律、行政法规和国家标准或者行业标准规定的安全生产条件,不具备安全生产条件的,不得从事生产经营活动。如果生产经营单位不具备上述安全生产条件而从事生产经营活动,生产安全就无法得到保证。

因此本条明确规定，生产经营单位不得将生产经营项目、场所、设备发包或者出租给不具备安全生产条件的单位或者个人。生产经营单位也不得将生产经营项目、场所、设备发包或者出租给不具备相应资质的单位或者个人。在实际生活中，生产经营活动的种类很多，不同的活动其规模以及技术要求的复杂程度也有很大的差别，对从事该活动的生产经营单位的经济、技术条件也就相应有不同的要求。因此不少国家在对某些生产经营活动的监督管理中，将不同的生产经营单位按照其具有的不同的经济、技术条件，划分为不同的资质等级，并对不同资质等级的单位所能从事的生产经营活动的范围作出明确规定。实践证明，这是维护正常的生产经营秩序、保证生产安全的一项重要措施。

随着社会经济发展，企业所有制发生了重大变化，一些企业采用租赁、承包、合作经营、劳务派遣等多种经营方式，个人、私营企业、家庭作坊式企业以及个人租包的公共娱乐场所也大量涌现。一些企业的安全管理工作混乱，以租代管、以包代管的问题始终存在。有些生产经营单位只管收取租金或者承包费，对承包单位、承租单位的安全生产问题不闻不问，导致安全隐患大量存在。为了有效解决这一问题，本条作出规定，生产经营项目、场所有多个承包单位、承租单位的，生产经营单位应当与承包单位、承租单位对安全生产管理方面的问题予以约定。生产经营单位与承包单位、承租单位就安全生产管理问题进行约定的方式有两种：一种是签订专门的安全生产管理协议；另外一种是不签订专门的协议而是在承包合同、承租合同中对各自的安全生产管理职责进行约定。在约定中，生产经营单位可以与承包单位、承租单位就各自在安全生产管理中的权利、义务以及事故发生时的责任承担等问题进行协商确定，同时规定，生产经营单位对承包单位、承租单位的安全生产工作统一协调、管理，定期进行安全检查，发现安全问题的，应当及时督促整改。

第四十七条 生产经营单位发生生产安全事故时，单位的主

要负责人应当立即组织抢救,并不得在事故调查处理期间擅离职守。

【要点精释】本条是关于生产经营单位发生生产安全事故时其主要负责人应尽职责的规定。

本条明确规定生产经营单位发生生产安全事故时,其主要负责人应当立即采取统一、有效的措施,动员、组织、协调力量全力抢救,防止事故进一步扩大,造成更多人身伤亡、更重大的经济损失或者其他更为严重的后果。这是生产经营单位主要负责人的法定义务。

根据这一规定,生产安全事故调查处理期间,生产经营单位的主要负责人应当坚守岗位,积极配合事故调查处理,为事故调查处理提供各种便利与支持,包括接受调查组询问,提供与事故有关的情况和资料,根据调查组的要求,协助查清事故发生的经过、伤亡人数、经济损失、事故发生的原因等事项,如实汇报事故发生后采取的措施及事故控制情况。确有正当理由必须离开的,要向事故调查组报告,并安排有关人员继续支持、配合事故调查处理工作。

第四十八条　生产经营单位必须依法参加工伤保险,为从业人员缴纳保险费。

国家鼓励生产经营单位投保安全生产责任保险。

【要点精释】本条是关于生产经营单位必须依法参加工伤保险,以及国家鼓励生产经营单位投保安全生产责任保险的规定。

(一)生产经营单位必须依法参加工伤保险,为从业人员缴纳保险费

为了保障因工作遭受事故伤害或者患职业病的职工获得医疗救治和经济补偿,促进工伤预防和职业康复,分散用人单位的工伤风险,我国建立了工伤保险制度。

工伤保险是强制性的,生产经营单位必须依法参加工伤保险,为从业人员缴纳保险费,这是其法定义务。《社会保险法》以及《工

伤保险条例》明确规定，职工应当参加工伤保险，由用人单位缴纳工伤保险费，职工不缴纳工伤保险费。用人单位缴纳工伤保险费的数额为本单位职工工资总额乘以单位缴费费率之积。生产经营单位不得以任何理由拒绝缴纳工伤保险费，否则要依法承担相应的法律责任。

（二）国家鼓励生产经营单位投保安全生产责任保险

安全生产责任保险是生产经营单位向保险机构缴纳保险费，以其在生产经营过程中因生产安全事故造成从业人员、第三者等受害人的人身伤亡或财产损失时依法应当承担的经济赔偿责任为保险标的，按照保险合同约定的赔偿责任进行赔偿的责任保险险种。在工伤保险之外，引入安全生产责任保险，既有利于分散生产经营单位的安全风险责任，也可以将保险的风险管理职能引入安全生产监管体系，实现风险专业化管理与安全监管监察工作的有机结合，促使生产经营单位进一步加强安全生产管理。

第三章　从业人员的安全生产权利义务

第四十九条　生产经营单位与从业人员订立的劳动合同，应当载明有关保障从业人员劳动安全、防止职业危害的事项，以及依法为从业人员办理工伤保险的事项。

生产经营单位不得以任何形式与从业人员订立协议，免除或者减轻其对从业人员因生产安全事故伤亡依法应承担的责任。

【要点精释】本条是关于劳动合同应当载明与从业人员劳动安全有关的事项，以及生产经营单位不得以协议免除或者减轻安全事故伤亡责任的规定。

本条规定了生产经营单位与从业人员订立的劳动合同应当载明保障劳动安全、防止职业危害和工伤保险事项。依照《劳动法》的规定，劳动合同是劳动者与用人单位确立劳动关系，明确双方权利和义务的协议。劳动合同应当载明的两个法定事项：一是保障从业人员劳动安全，防止职业危害的事项。从业人员的劳动总是在各种具体环境、条件下进行，在生产中存在着各种不安全、产生职业危害的因素，如果不采取相应保护措施，则极可能发生事故，危害从业人员的安全和健康，这些都涉及从业人员的切身利益。实践当中，大部分劳动者并不知道生产经营单位是否采取保障劳动安全的措施，特别是进入私营企业、乡镇企业务工的农民，由于他们文化水平较低，普遍缺乏自我保护意识、知识和能力，而一些生产经营单位为了多赚钱隐瞒工作场所缺少劳动安全保障措施的真相，在与劳动者签订劳动合同时不履行保障劳动安全告知义务，因此，本条对这种情况作出了强制性规定，这是生产经营单位必须履行的一项告知义务，是从业人员享有的一项重要的权利。生产经营单位必须按照这一款规定履行义务，以确保从业人员的知情权，保护从业人员的劳动安全。二是办理工伤保险的事项。工伤保险是指劳动者在职业活动中遇到意外事故伤害和职业病伤害的社会保险，这种保险与商业保险的不同之处就在于其法定的强制性。依照本法第四十八条的规定，生产经营单位必须依法参加工伤保险，为从业人员缴纳保险费。也就是说，对这一条规定的工伤保险，不管生产经营单位是否愿意，均必须参加。工伤保险是一种社会保障措施，目的是保护劳动者的合法权益。劳动合同中载明依法为从业人员办理工伤保险的事项，确保了从业人员的知情权，维护了从业人员的合法权益，也有利于对生产经营单位的监督，禁止生产经营单位以任何形式与从业人员订立免除或者减轻其对从业人员因生产安全事故伤亡依法应承担的责任的协议。

第五十条 生产经营单位的从业人员有权了解其作业场所和工作岗位存在的危险因素、防范措施及事故应急措施，有权对本单位的安全生产工作提出建议。

【要点精释】本条是关于从业人员在安全生产方面的知情权和建议权的规定。

（一）从业人员有权了解其作业场所和工作岗位存在的危险因素、防范措施及事故应急措施

作业场所是从业人员进行生产劳动的区域，包含三种不同的空间范围：人体在规定位置上进行作业时所必需的空间，也称作业接触空间，人们完成生产任务时大部分工时主要在此空间内度过；人体在作业时或进行其他活动时，自由活动所需的空间，即作业活动空间（如进出工作岗位或暂时休息等）；为保障人体安全，避免人体与危险源直接接触所需的安全防护空间。由于生产经营活动的特点，作业场所和工作岗位存在危险因素是必然的。从业人员有权了解作业场所和工作岗位存在的危险因素，如易燃易爆、有毒有害、辐射性物质等危险物品及其可能对人体造成的伤害，机械设备运转时存在的危险因素等。防范措施，是指为了防止、避免危险因素对从业人员人身安全造成危害而应当采取的技术上、操作上的措施。事故应急措施是指生产经营单位根据本单位实际情况，针对可能发生的事故的类别、性质、特点和范围制定的事故发生时应当采取的组织、技术措施和其他应急措施。从业人员有权了解这些防范措施和应急措施，这不仅是从业人员的权利，也是有效预防事故发生和将事故损失降低到最低限度的需要，同时还是从业人员实现自我保护的有效途径。

（二）从业人员有权对本单位的安全生产工作提出建议

从业人员是生产经营活动的直接承担者，也是生产经营活动中各种危险因素的直接面对者，对本单位的安全生产工作有切身的感受和体会，并且往往能够提出一些合理化的、有针对性的建议。赋予从业人员对本单位安全生产工作提出建议的权利，可以充分调动从业人员在安全生产管理方面的主动性和积极性，体现安全生产管理的民主性，减少生产经营单位安全生产工作的失误，保障安全生产工作的科学性、合理性，有效地防止生产安全事故的发生。

生产经营单位的主要负责人应当为从业人员充分行使权利提

供机会，创造条件。要重视和尊重从业人员的意见和建议，并对他们的建议及时作出答复。同时，生产经营单位对从业人员提出的建议应区别对待：合理的应当采纳；不合理的应当给予解释；暂时办不到的，应当加以说明，并积极创造条件，争取尽早落实有关建议。

第五十一条 从业人员有权对本单位安全生产工作中存在的问题提出批评、检举、控告；有权拒绝违章指挥和强令冒险作业。

生产经营单位不得因从业人员对本单位安全生产工作提出批评、检举、控告或者拒绝违章指挥、强令冒险作业而降低其工资、福利等待遇或者解除与其订立的劳动合同。

【要点精释】 本条是关于从业人员提出批评、检举、控告以及拒绝违章指挥和强令冒险作业的权利，以及生产经营单位不得对从业人员行使权利进行打击报复的规定。

（一）从业人员有权对本单位安全生产工作中存在的问题提出批评、检举、控告

从业人员直接从事生产经营活动，对生产经营单位安全生产工作中存在的问题有最直观的感受。赋予从业人员对本单位安全生产工作中存在的问题提出批评的权利，有利于从业人员对安全生产工作进行监督，使生产经营单位主管人员能经常倾听群众意见，不断改进安全生产工作。同时，对安全生产工作中存在的问题，如管理制度不健全、资金投入不到位、隐患不及时处理等，从业人员还有权向负有安全生产监督管理职责的部门、监察机关、有关地方人民政府等进行检举、控告。特别是在生产经营单位有关负责人不接受批评意见、不采取改进措施的情况下，赋予从业人员进行检举、控告的权利，更具有现实意义。

（二）从业人员有权拒绝违章指挥和强令冒险作业

违章指挥是指生产经营单位有关管理人员违反有关安全生产的法律、法规和有关规章制度、安全操作规程的规定，指挥生产经营活动；强令冒险作业是指生产经营单位有关管理人员明知开

始或者继续作业会有重大危险的,仍然强迫从业人员进行作业的行为。生产经营单位违章指挥、强令冒险作业,违背了"安全第一"的方针,侵犯了从业人员的合法权益,是严重的违法行为,也是直接导致生产安全事故的重要原因。实践中,许多生产安全事故的发生都与违章指挥、强令冒险作业有关。因此,规定从业人员有权拒绝违章指挥和强令冒险作业,对于维护正常的生产秩序、有效地防止生产安全事故发生、保护从业人员自身的人身安全,具有十分重要的意义。

(三)生产经营单位不得对从业人员进行打击报复

实践中,一些生产经营单位把对本单位安全生产工作提出批评、检举、控告或者拒绝违章指挥、强令冒险作业的从业人员视为"刺头",认为其"闹事""不听话",从而打击报复,致使从业人员心存顾虑,不敢或者不能充分行使上述权利。因此,在赋予从业人员上述权利的同时,本条还规定了生产经营单位不得对从业人员行使上述权利进行打击报复。

从业人员享有的批评、检举、控告权和拒绝违章指挥、强令冒险作业的权利是法律所赋予的。生产经营单位因从业人员行使上述权利而对其进行打击报复的,依法应承担相应的法律责任。

第五十二条 从业人员发现直接危及人身安全的紧急情况时,有权停止作业或者在采取可能的应急措施后撤离作业场所。

生产经营单位不得因从业人员在前款紧急情况下停止作业或者采取紧急撤离措施而降低其工资、福利等待遇或者解除与其订立的劳动合同。

【要点精释】本条是关于生产经营单位的从业人员的紧急处置权及其保护的规定。

为保护从业人员的人身安全,赋予特定情况下从业人员紧急情况处置权是必要的。法律对此作出明确规定,并对从业人员行使紧急处置权加以保护。

最新《安全生产法》学习读本

(一)从业人员在紧急情况下的处置权

本条第 1 款规定,从业人员发现直接危及人身安全的紧急情况时,有权停止作业或者在采取可能的应急措施后撤离作业场所。

这是在法律所限定的特定情况下,法律赋予从业人员采取特定措施的权利,简称紧急撤离权,目的是保护从业人员的人身安全。法律所限定的特定情况是"发现直接危及人身安全的紧急情况",这是从业人员行使紧急撤离权的前提条件,也就是从业人员紧急撤离权需要在法律所限定的特定情况下行使:发现直接危及人身安全的紧急情况,如果不撤离会对其生命安全和健康造成直接的威胁。在此情况下,法律赋予从业人员有权采取特定措施:停止作业或者在采取可能的应急措施后撤离作业场所。例如,在矿山井下开采中,发生矿压活动显现激烈、巷道(或工作面、采场)

底板突然鼓起、支架破坏、煤（岩）层变软、湿润等沼气喷出的预兆时，井下作业人员在此情况下有权停止作业，及时撤离。紧急撤离权包括两层含义：一是停止作业马上撤离作业场所；二是在采取可能的应急措施后撤离作业场所。需要注意的是，行使权利的选择权在从业人员，不要求从业人员应当在采取可能的应急措施后或者在征得有关负责人员同意后撤离作业场所。当然，在条件允许的情况下，从业人员可以事先报告或者采取可能的应急措施后再撤离作业场所。

（二）对从业人员行使紧急处置权的保护

本条第2款规定，生产经营单位不得因从业人员在前款规定的紧急情况下停止作业或者采取紧急撤离措施而降低其工资、福利等待遇或者解除与其订立的劳动合同。从业人员在前款规定的紧急情况下行使紧急撤离权，不得因此受到对自己的不利处分。生产经营单位应当遵循以人为本的原则，正确对待这种权利，对于依法行使这种权利的从业人员不得降低其工资、福利等待遇或者解除与其订立的劳动合同。

第五十三条 因生产安全事故受到损害的从业人员，除依法享有工伤保险外，依照有关民事法律尚有获得赔偿的权利的，有权向本单位提出赔偿要求。

【要点精释】本条是关于从业人员因生产安全事故受到损害时的工伤保险和民事求偿权利的规定。

根据《社会保险法》《工伤保险条例》的有关规定，职工因工作原因受到事故伤害且经工伤认定的，享受工伤保险待遇。

按照本条规定，因生产安全事故受到损害的从业人员，除依法享有工伤保险外，依照有关民事法律尚有获得赔偿的权利的，有权向本单位提出赔偿要求。这里的"有关民事法律"，是指《民法通则》《合同法》和《侵权责任法》等。赔偿责任，是指行为人因其行为导致他人财产或人身受到损害时，行为人以自己的财产补偿受害人损失的责任。这是承担民事责任最普遍、适用最广的方式。赔偿的范围，原则上应包括受害人所受的全部实际损失。具体到生产安全事故，如果工伤保险不能补偿从业人员因事故受到的全部损害，同时生产经营单位对事故的发生负有责任的，则从业人员除依法享有工伤保险外，还有权向本单位提出赔偿要求。本条规定意味着，在工伤保险之外，从业人员还有可能获得相应的民事赔偿，以最大限度地补偿其因事故受到的全部损害。实践中有一种观点认为，享受了工伤保险就不能再要求民事赔偿，这是不正确的。

第五十四条 从业人员在作业过程中，应当严格遵守本单位的安全生产规章制度和操作规程，服从管理，正确佩戴和使用劳动防护用品。

【要点精释】本条是关于从业人员应当严格遵守安全生产规章制度和操作规程，以及服从管理、正确佩戴和使用劳动防护用品的义务的规定。

（一）从业人员在作业过程中，应当严格遵守本单位的安全生产规章制度和操作规程

由于安全生产规章制度和操作规程是根据本单位的实际制定的，针对性较强，对保障安全生产有特殊的意义。对从业人员来说，是否遵守安全生产规章制度和操作规程，直接决定着能否保障安全生产。因此，从业人员除应严格遵守有关安全生产的法律、法规外，还应当严格遵守生产经营单位的安全生产规章制度和操作规程。这是从业人员在安全生产方面的一项法定义务。从业人员必须增强遵章守纪意识，不折不扣地遵守安全生产规章制度和操作规程，从维护国家利益、集体利益和自身利益出发，把遵章守纪、按章操作落实到具体的作业活动中，确保安全生产的实现。

（二）从业人员应当服从管理

从业人员应当服从生产经营单位有关负责人以及安全生产管理人员在安全生产方面的管理。从业人员服从管理，是保持生产

经营活动秩序,保障本单位安全生产各项要求得到落实,有效避免、减少生产安全事故发生的基本条件。当然,从业人员应当服从的是正当、合理的管理,对于违章指挥、强令冒险作业,从业人员有权拒绝。

(三)从业人员应当正确佩戴和使用劳动防护用品

生产经营单位应当为从业人员提供符合国家标准或者行业标准的劳动防护用品,但如果从业人员不正确佩戴和使用,仍然不能真正发挥劳动防护用品的作用,达不到保护从业人员健康和安全的目的。实践中,因从业人员不正确佩戴和使用劳动防护用品而导致受到伤害的现象普遍存在。因此,从业人员在作业过程中必须提高安全生产意识,按照规则和要求正确佩戴和使用劳动防护用品。这既是保护从业人员自身安全和健康的需要,也是实现安全生产的客观需要。

第五十五条 从业人员应当接受安全生产教育和培训,掌握本职工作所需的安全生产知识,提高安全生产技能,增强事故预防和应急处理能力。

【要点精释】本条是关于从业人员应当接受安全生产教育和培训的规定。

事故发生百分之八十以上都是人的不安全行为导致的,而对从业人员进行安全生产教育,是控制人的不安全行为的有效方法,是提高从业人员安全素质和自我保护能力,防止事故发生,保证安全生产的重要手段。从业人员应当有主动接受安全生产教育和培训的意识。安全教育培训的基本内容包括安全意识、安全知识和安全技能。接受安全生产教育培训的人员应当达到相应要求,掌握本职工作所需的安全生产知识,提高安全生产技能,增强事故预防和应急处理能力。

第五十六条 从业人员发现事故隐患或者其他不安全因素,应当立即向现场安全生产管理人员或者本单位负责人报告;接到报告的人员应当及时予以处理。

最新《安全生产法》学习读本

【要点精释】本条是关于从业人员及时报告事故隐患或者其他不安全因素以及接报人员必须及时予以处理的规定。

根据本条规定，从业人员一旦发现事故隐患或者其他不安全因素，应当立即向现场安全生产管理人员或者本单位负责人报告，不得隐瞒不报或者拖延报告。从业人员及时报告，对生产经营单位及时消除事故隐患和其他不安全因素，采取必要的安全防范措施，具有十分重要的意义。可以说，从业人员报告得越早，事故隐患或者其他不安全因素造成危害的可能性就越小。因此，报告事故隐患和其他不安全因素，贵在及时，重在及时。当然，从业人员发现事故隐患或者其他不安全因素后，应当将有关情况如实报告，既不能夸大事实，也不能大事化小，以免影响对事故隐患或者其他不安全因素的正确判断和处置。同时，接到报告的现场安全生产管理人员或者单位负责人应当根据具体情况及时处理，对能够立即消除的隐患或者其他不安全因素要立即消除；不能立

即消除的，要采取措施限期消除；情况紧急需要暂时停产停业的，要及时做出决定。

第五十八条 生产经营单位使用被派遣劳动者的，被派遣劳动者享有本法规定的从业人员的权利，并应当履行本法规定的从业人员的义务。

【要点精释】本条是关于生产经营单位使用被派遣劳动者的规定。

针对生产经营单位使用被派遣劳动者的情况，为与《劳动合同法》有关规定相衔接，明确对被派遣劳动者的劳动安全保障。劳务派遣，即劳动力租赁，由派遣机构与劳动者订立劳动合同并支付报酬，把劳动者派向其他用工单位，用工单位向派遣机构支付服务费用。采取劳务派遣有两大的好处，一是让国有企业、机关事业单位突破用工编制的限制，二是为用人单位在劳动合同管理、社会保险办理等方面提供专业服务，降低管理成本。劳动者的工资、社会保险待遇，实际上也是由用人单位承担的，它们支付的费用当中，包括这笔开支和劳务派遣公司的服务费。用工单位与劳务派遣单位应当签订劳务派遣协议，并明确双方安全生产管理的权利、义务和职责，双方约定的权利、义务和职责不得违反本法规定及相关法律法规的规定。用工单位应当履行有关安全生产法律法规及标准规范的规定，加强劳务派遣外协用工安全生产管理，全面负责外协工的现场安全管理，并履行下列职责：①将外协工安全生产管理纳入本单位安全生产管理体系，保障外协工与本单位职工享受同等安全生产教育培训、职业健康监护、劳动保护等权利；②为外协工提供符合国家相关规定的安全生产条件和个体防护用品；③告知外协工本单位有关安全生产管理制度、安全生产注意事项、作业场所存在的危险、有害因素及事故应急处置措施等；④按有关规定对外协工进行安全生产教育培训，经考试合格方可上岗作业；⑤履行与劳务派遣单位所签订合同中约定的安全生产事项；⑥向劳务派遣单位提供劳务管理费及外协工工伤保险、高危行业安全生产责任保险等费用，并在协议中予以明确，督促检查劳务派遣单位为外协工缴纳工伤保险及安全生产责任保险等费用；⑦对劳务派遣期间接触职业危害的外协工进行岗前、岗中及离岗职业健康检查，建立外协工职业健康档案。同时，用工单位不得违章指挥或强令外协工在安全生产条件不具备、安全措施不落实、安全隐患未排除的生产经营场所或岗位作业。发包单位不得违章指挥或强令被派遣劳动者在安全生产条件不具备、安全措施不落实、安全隐患未排除的生产经营场所或岗位冒险作业。发包单位提供的安全生产条件不符合协议约定的，被派遣劳动者有权拒绝生产作业，待发包单位整改达到要求后再组织生产。

第四章　安全生产的监督管理

第六十三条　生产经营单位对负有安全生产监督管理职责的部门的监督检查人员（以下统称安全生产监督检查人员）依法履行监督检查职责，应当予以配合，不得拒绝、阻挠。

【要点精释】本条是关于生产经营单位有义务配合安全生产监督检查人员依法履行监督检查职责的规定。

安全生产监督检查人员依法履行监督检查职责，是代表国家执行公务的行为，具有合法性与强制性。生产经营单位必须接受依法进行的监督检查，并予以积极配合，为监督检查提供相应的便利条件，这样才能保证监督检查的顺利进行，并取得预期的良好效果。

生产经营单位对安全生产监督检查人员依法履行监督检查职责应当予以配合，是指生产经营单位必须为监督检查提供必要的便利条件。例如，应当允许监督检查人员进入本单位进行检查，监督检查人员需要调阅有关资料时，生产经营单位及其有关人员应当及时、如实提供；需要了解有关情况时，生产经营单位及相关人员应当如实提供；对监督检查中做出的决定，如要求纠正安全生产违法行为或者排除事故隐患等，应当认真执行、落实。不得拒绝、阻挠监督检查，是指生产经营单位对依法进行的监督检查必须接受，不能以任何借口和理由加以拒绝。同时，也不能以任何手段设置障碍，阻碍监督检查。这是生产经营单位的一项法定义务。违反这一义务，应当依法承担相应的法律责任；使用暴力拒绝、阻挠监督检查，构成犯罪的，还应当依法追究有关责任人员的刑事责任。

第七十一条 任何单位或者个人对事故隐患或者安全生产违法行为，均有权向负有安全生产监督管理职责的部门报告或者举报。

【要点精释】本条是关于单位和个人报告事故隐患、举报安全生产违法行为的权利的规定。

安全生产涉及各行各业，直接关系到广大人民群众的切身利益。要真正做好安全生产工作，既需要生产经营单位、从业人员以及负有安全生产监督管理职责的部门依法承担义务，尽职尽责，也需要广大人民群众和其他方面的积极参与，充分发挥全社会的积极性。因为生产经营单位点多面广，不同行业的生产经营状况和安全生产管理方式差异较大，单靠政府有关监督管理部门难以完全有效地做好监督工作。只有建立起一种广泛、有效的监督机制，充分调动单位与个人的积极性，把安全生产工作置于全社会的监督之下，群防群治，才能真正做好这项工作。因此，本条规定了单位和个人报告事故隐患、举报安全生产违法行为的权利，具有很强的现实意义。

第五章 生产安全事故的应急救援与调查处理

第七十八条 生产经营单位应当制定本单位生产安全事故应急救援预案，与所在地县级以上地方人民政府组织制定的生产安全事故应急救援预案相衔接，并定期组织演练。

【要点精释】本条是关于生产经营单位制定并定期组织演练本单位生产安全事故应急救援预案的规定。

（一）生产经营单位应当制定本单位生产安全事故应急救援预案

生产经营单位发生生产安全事故后，从事故应急救援的角度来说，事故发生单位处于最直接的地位，应在第一时间迅速组织事故抢救。为保证事故应急救援紧张有序地展开，客观上需要生产经营单位制定生产安全事故应急救援预案。同时，生产经营单位生产经营活动的内容、性质不同，生产安全事故的特点以及应急救援的方法也不完全相同。政府组织制定的应急救援预案难以完全体现不同生产经营单位事故应急救援的特点，也需要生产经营单位有针对性地制定本单位事故应急救援预案。《生产安全事故应急预案管理办法》（国家安全生产监督管理总局令第17号）明确规定："生产经营单位应当根据有关法律、法规和AQ/T 9002—2006《生产经营单位安全生产事故应急预案编制导则》，结合本单位的危险源状况、危险性分析情况和可能发生的事故特点，制定相应的应急预案。"

（二）生产经营单位制定的预案应当与政府组织制定的预案相衔接

按照《国家公共突发事件总体应急预案》"应急预案体系"的规定，企事业单位根据有关法律法规制定的应急预案是应急预案体系的一部分，各预案之间应当协调一致，充分发挥其整体作用。县级以上地方人民政府组织制定的生产安全事故应急救援预案是综合性的，适用于本地区所有生产经营单位。生产经营单位制定的本单位事故应急救援预案应与综合性应急救援预案相衔接，确保协调一致，互相配套，一旦启动能够顺畅运行，提高事故应急救援工作的效率。主管的负有安全生产监督管理职责的部门要加强对生产经营单位应急救援预案编制工作的指导协调。

（三）生产经营单位应当对应急救援预案定期组织演练

生产安全事故应急救援预案还只是纸面上的东西，要真正转化成实际的应急救援能力，确保发生事故后应急救援预案能够迅速启动并高效、协调地运行，达到防止事故扩大、降低事故损失的目的，生产经营单位必须对事故应急救援预案定期组织演练，使本单位主要负责人、有关管理人员和从业人员都能够身临其境积累"实战"经验，熟悉、掌握应急救援预案的各项内容和要求，相互协作、配合。同时，通过组织演练，也能够进一步检验应急救援预案是否科学合理，发现存在的问题，及时调整完善。本条将定期组织生产安全事故应急救援预案演练明确规定为生产经营单位的一项法定义务。

第七十九条 危险物品的生产、经营、储存单位以及矿山、金属冶炼、城市轨道交通运营、建筑施工单位应当建立应急救援组织；生产经营规模较小的，可以不建立应急救援组织，但应当指定兼职的应急救援人员。

危险物品的生产、经营、储存、运输单位以及矿山、金属冶炼、城市轨道交通运营、建筑施工单位应当配备必要的应急救援器材、设备和物资，并进行经常性维护、保养，保证正常运转。

【要点精释】 本条是关于对高危行业的生产、经营、储存单位应建立事故应急救援体系的规定。

危险物品的生产、经营、储存、运输单位以及矿山、金属冶炼、城市轨道交通运营、建筑施工单位的应急救援组织的建立和应急救援人员的指定，目的是保障其从业人员在事故发生时能及时得到救护，以尽可能减少事故造成的人员伤亡和财产损失。危险物品的生产、经营、储存、运输单位以及矿山、金属冶炼企业、城市轨道交通运营企业、建筑施工单位应当建立什么形式、多大规模的救援组织，按照有关规定执行。《危险化学品安全管理条例》第七十条中规定，危险化学品单位应当制定本单位危险化学品事故应急预案，配备应急救援人员和必要的应急救援器材、设备和物资，并定期组织应急救援演练。同时规定，危险物品的生产、经营、储存、运输单位以及矿山、金属冶炼、城市轨道交通运营、建筑施工单位除应当建立应急救援组织或者指定兼职的救援人员外，还应当配备必要的应急救援器材、设备和物资。

第八十条 生产经营单位发生生产安全事故后，事故现场有关人员应当立即报告本单位负责人。

单位负责人接到事故报告后，应当迅速采取有效措施，组织抢救，防止事故扩大，减少人员伤亡和财产损失，并按照国家有关规定立即如实报告当地负有安全生产监督管理职责的部门，不得隐瞒不报、谎报或者迟报，不得故意破坏事故现场、毁灭有关证据。

【要点精释】本条是关于生产经营单位有关人员报告生产安全事故及进行事故抢救等责任的规定。

生产经营单位发生生产安全事故后，单位内部有关人员在第一时间报告事故并组织抢救，对于防止事故扩大、减少事故损失至关重要。

（一）事故现场有关人员应当立即向单位负责人报告

生产经营单位发生生产安全事故后，事故现场有关人员，包括有关管理人员以及从业人员等，应当立即向本单位负责人报告，不得拖延，更不能不报告，以便本单位负责人能及时组织抢救，并向有关部门报告。本条规定的关键在于要"立即报告"，即第一时间毫不迟延地报告，这是事故现场有关人员不可推卸的责任。

（二）生产经营单位负责人的组织抢救义务、报告义务和其他责任

生产经营单位负责人的重要职责之一就是组织本单位生产安全事故的抢救。因此，接到事故报告后，生产经营单位负责人应当迅速采取有效措施，组织抢救，防止事故扩大，减少人员伤亡和财产损失。单位负责人应当将这些内容全面、如实上报，不得隐瞒不报、谎报或者迟报，以免影响及时组织更有力的抢救工作。此外，单位负责人不得故意破坏事故现场、毁灭有关证据，为将来进行事故调查、确定事故责任制造障碍，否则，就要承担相应的行政责任。构成犯罪的，还要追究其刑事责任。

第八十四条 生产经营单位发生生产安全事故，经调查确定为责任事故的，除了应当查明事故单位的责任并依法予以追究外，还应当查明对安全生产的有关事项负有审查批准和监督职责的行政部门的责任，对有失职、渎职行为的，依照本法第八十七条的规定追究法律责任。

【要点精释】本条是关于追究生产经营单位及有关行政部门生产安全事故责任的原则规定。

生产经营单位发生生产安全事故，其原因往往比较复杂。从管理的角度看，可以分为非责任事故和责任事故两种。其中，非责任事故是指事故的发生是由于自然原因（包括不可抗力）或者他人人为破坏造成的，与生产经营单位或者对安全生产有关事项负有审批和监督职责的行政部门的安全生产监督管理无关。在这种情况下，不应追究生产经营单位或有关行政部门的法律责任。责任事故是指由于生产经营单位在安全生产管理方面的问题造成的事故，如安全生产规章制度不健全，安全投入不到位，不对从业人员进行安全生产教育和培训，不及时消除事故隐患，违章指挥、强令冒险作业等；或者是由于对安全生产的有关事项负有审查批准和监督职责的行政部门及其工作人员不依法履行职责，失职、渎职等造成的事故。

生产经营单位发生生产安全事故后，要依法进行事故调查处理。事故调查处理的重要任务之一就是查明事故的性质，即是否属于责任事故。一旦确定为责任事故，就必须对有关责任人依法予以追究。

为了使所有事故责任人员都受到应有的追究，本条规定，事故经调查确定为责任事故的，首先要查明生产经营单位的责任并依法予以追究。即要查明生产经营单位是否因安全生产管理方面的问题而导致事故发生，同时依法追究有关负责人、主管人员以及其他负有直接责任的人员的法律责任。责任形式包括给予处分或者行政处罚；构成犯罪的，依照刑法有关规定追究刑事责任。

第八十五条 任何单位和个人不得阻挠和干涉对事故的依法调查处理。

【要点精释】本条是关于不得阻挠和干涉对事故的依法调查处理的规定。

依法进行事故调查处理，对于查明事故原因、明确事故责任、处理事故责任人员、完善事故防范措施、防止事故再次发生，都具有十分重要的意义，是安全生产工作不可或缺的环节。

为了保证事故调查处理工作的顺利进行，使事故调查处理做到客观、公正、高效，必须排除一切阻挠和干涉。因此，本条明确规定，任何单位和个人，包括生产经营单位及其有关人员、地方人民政府、政府有关部门及其工作人员以及其他任何单位和个人，都不得阻挠和干涉对事故的依法调查处理。对阻挠、干涉依法调查处理事故的单位和个人，依法追究法律责任。

第六章 法律责任

第九十条 生产经营单位的决策机构、主要负责人或者个人经营的投资人不依照本法规定保证安全生产所必需的资金投入，致使生产经营单位不具备安全生产条件的，责令限期改正，提供必需的资金；逾期未改正的，责令生产经营单位停产停业整顿。

有前款违法行为，导致发生生产安全事故的，对生产经营单位的主要负责人给予撤职处分，对个人经营的投资人处二万元以上二十万元以下的罚款；构成犯罪的，依照刑法有关规定追究刑事责任。

【要点精释】本条是关于生产经营单位不依法投入安全生产费用的法律责任的规定。

缺乏保障安全生产所必需的资金投入，直接的后果是使生产经营单位不具备安全生产条件，严重的则可能导致生产安全事故。因此本法规定，生产经营单位应当具备的安全生产条件所必需的资金投入，由生产经营单位的决策机构、主要负责人或者个人经营的投资人予以保证,并对由于安全生产所必需的资金投入不足导致的后果承担责任。

构成本条的违法行为的主体,是生产经营单位的决策机构、主要负责人、个人经营的投资人,其客观表现为由于不依照本法规定保证安全生产所必需的资金投入,而导致生产经营单位不具备安全生产条件。对于有本条规定的违法行为的,首先应由负责安全生产监督管理的部门责令生产经营单位的决策机构、主要负责人、个人经营的投资人在规定的期限内纠正违法行为,提供生产经营单位应当具备的安全生产条件所必需的资金。

如果违法行为人在规定的期限内仍然不改正的,责令生产经营单位停产停业整顿。责令停产停业,是指行政执法机关对违反行政管理秩序的企事业单位,依法在一定期限内暂停其从事有关生产经营活动权利的行政处罚。

导致发生生产安全事故的,对生产经营单位的主要负责人给予其撤职处分。对个人经营的投资人处二万元以上二十万元以下的罚款。

导致发生生产安全事故,构成犯罪的,依照刑法有关规定追究刑事责任。

第九十一条 生产经营单位的主要负责人未履行本法规定的安全生产管理职责的,责令限期改正;逾期未改正的,处二万元以上五万元以下的罚款,责令生产经营单位停产停业整顿。

生产经营单位的主要负责人有前款违法行为,导致发生生产安全事故的,给予撤职处分;构成犯罪的,依照刑法有关规定追究刑事责任。

生产经营单位的主要负责人依照前款规定受刑事处罚或者撤职处分的,自刑罚执行完毕或者受处分之日起,五年内不得担任任何生产经营单位的主要负责人;对重大、特别重大生产安全事故负有责任的,终生不得担任本行业生产经营单位的主要负责人。

【要点精释】本条是关于生产经营单位的主要负责人未履行安

全生产管理职责法律责任的规定。

（一）承担法律责任的主体

本条规定的法律责任的承担主体为生产经营单位的主要负责人。

（二）应当承担法律责任的违法行为

本条规定的承担法律责任的违法行为是生产经营单位的主要负责人未履行本法规定的安全生产管理职责，即本法第18条规定的生产经营单位主要负责人的安全生产管理职责。

（三）责任形式

本条规定的承担法律责任的形式有：

1. 行政处罚。生产经营单位主要负责人未履行本法规定的安全管理职责的，首先是责令限期改正，要求其在规定期限内履行本法规定的安全生产管理职责。逾期未改正的，处二万元以上五万元以下的罚款，责令生产经营单位停产停业整顿。

2. 处分。主要负责人有上述违法行为导致发生生产安全事故，给予撤职处分。该处分的前提是其属于国家工作人员。国家工作人员包括国有公司、国有企业中从事公务的人员和国家机关、国有公司、国有企业、事业单位委派到非国有公司、非国有企业从事公务的人员。

3. 刑事处罚。生产经营单位主要负责人未履行本法规定的安全生产管理职责，导致发生生产安全事故，构成犯罪的，依照刑法有关重大劳动安全事故罪、重大责任事故罪或者其他罪的规定，追究刑事责任。

4. 资格罚。对生产经营单位主要负责人的"资格罚"，其构成条件是被判处刑罚或者受到撤职处分，满足这两种情形之一即可。本条规定的"资格罚"的时间限制为五年，即自受处分之日或者刑罚执行完毕之日起计算，五年内不得担任任何生产经营单位的主要负责人，五年后则不再受该规定的限制。

第九十二条 生产经营单位的主要负责人未履行本法规定的

安全生产管理职责，导致发生生产安全事故的，由安全生产监督管理部门依照下列规定处以罚款：

（一）发生一般事故的，处上一年年收入百分之三十的罚款；

（二）发生较大事故的，处上一年年收入百分之四十的罚款；

（三）发生重大事故的，处上一年年收入百分之六十的罚款；

（四）发生特别重大事故的，处上一年年收入百分之八十的罚款。

【要点精释】本条是关于生产经营单位主要负责人未履行本法规定的安全生产管理职责导致发生生产安全事故而处以罚款的标准的规定。

（一）承担法律责任的主体

本条规定的违法行为的责任主体也是生产经营单位的主要负责人。生产经营单位主要负责人未履行本法规定的安全生产管理职责，并且导致事故发生的，除依照本法第91条规定追究法律责任，还应当依照本条规定处以罚款，两者同时适用。

（二）承担法律责任的违法行为

本条规定的违法行为是发生生产安全事故的生产经营单位主要负责人未依法履行安全生产管理职责，导致事故发生的行为。本法第5条明确规定，生产经营单位的主要负责人对本单位的安全生产工作全面负责。第18条列举了生产经营单位的主要负责人对本单位安全生产工作负有的职责。此外，其他有关安全生产的法律、行政法规对生产经营单位主要负责人的具体安全生产管理职责也有规定。

（三）责任形式

本条规定的责任形式是处以罚款。罚款以其上一年的年收入为基数，并根据发生事故的等级确定具体的比例。事故等级越高，罚款的幅度越大。

第九十三条 生产经营单位的安全生产管理人员未履行本法规定的安全生产管理职责的，责令限期改正；导致发生生产安全事故的，暂停或者撤销其与安全生产有关的资格；构成犯罪的，依照刑法有关规定追究刑事责任。

【要点精释】本条是关于安全生产管理人员未依法履行职责的法律责任的规定。

进一步明确和强化安全生产管理人员的责任，对于加强安全生产管理工作、保障安全生产十分必要。此次法律修改，增加规定了安全生产管理人员的具体职责，本条也相应增加规定了未依法履行这些职责的法律责任。

（一）承担法律责任的主体

本条规定的违法行为的责任主体是生产经营单位的安全生产管理人员。

（二）承担法律责任的违法行为

本条规定的违法行为是安全生产管理人员未依法履行安全生产管理职责的行为。本法第22条列举了安全生产管理人员负有的7项法定职责，违反了法律规定的这7项职责，就需要承担法律责任。

（三）责任形式

1. 责令限期改正。安全生产管理人员是生产经营单位专门负责安全生产管理的人员，安全生产管理是其日常工作。因此，对安全生产管理人员未依法履行职责的行为，如果没有因此造成生产安全事故，重在通过批评教育和行为指引，使其意识到自己行为的违法性以及可能造成的严重后果，并主动消除违法行为，严格依法履行安全生产管理职责。

2. 暂停或者撤销其与安全生产有关的资格。这是对安全生产管理人员给予"资格罚"的规定，适用的前提是安全生产管理人员未依法履行职责，导致发生生产安全事故。

3. 依法追究刑事责任。安全生管理人员未依法履行安全生产管理职责，构成犯罪的，依照刑法规定的重大责任事故罪或者重大劳动安全事故罪或者其他罪名追究其刑事责任。

第九十四条 生产经营单位有下列行为之一的，责令限期改正,可以处五万元以下的罚款;逾期未改正的,责令停产停业整顿,并处五万元以上十万元以下的罚款,对其直接负责的主管人员和其他直接责任人员处一万元以上二万元以下的罚款:

（一）未按照规定设置安全生产管理机构或者配备安全生产管理人员的;

（二）危险物品的生产、经营、储存单位以及矿山、金属冶炼、建筑施工、道路运输单位的主要负责人和安全生产管理人员未按照规定经考核合格的;

（三）未按照规定对从业人员、被派遣劳动者、实习学生进行安全生产教育和培训,或者未按照规定如实告知有关的安全生产事项的;

（四）未如实记录安全生产教育和培训情况的;

（五）未将事故隐患排查治理情况如实记录或者未向从业人员通报的;

（六）未按照规定制定生产安全事故应急救援预案或者未定期组织演练的;

（七）特种作业人员未按照规定经专门的安全作业培训并取得相应资格,上岗作业的。

【要点精释】本条是关于生产经营单位违法行为的相关法律责任的规定。

本次修订前的安全生产法对生产经营单位的有关违法行为只规定责令限期改正,逾期未改正的,责令停业整顿,可以并处二万元以下的罚款,这些规定处罚较轻,难以有效遏制生产经营单位的违法行为。本次修改增加规定,生产经营单位只要有相关违法行为,除了责令限期改正,还可以给予五万元以下罚款。逾期不改正的,将罚款数额由原来的二万元以下修改为五万元以上十万元以下,较大幅度提高了罚款标准。另外,新增加规定了对直接负责的主管人员和其他直接责任人员的罚款,也有助于他们增强安全生产意识,积极采取确保安全生产的措施。

第九十五条 生产经营单位有下列行为之一的，责令停止建设或者停产停业整顿，限期改正；逾期未改正的，处五十万元以上一百万元以下的罚款，对其直接负责的主管人员和其他直接责任人员处二万元以上五万元以下的罚款；构成犯罪的，依照刑法有关规定追究刑事责任：

（一）未按照规定对矿山、金属冶炼建设项目或者用于生产、储存、装卸危险物品的建设项目进行安全评价的；

（二）矿山、金属冶炼建设项目或者用于生产、储存、装卸危险物品的建设项目没有安全设施设计或者安全设施设计未按照规定报经有关部门审查同意的；

（三）矿山、金属冶炼建设项目或者用于生产、储存、装卸危险物品的建设项目的施工单位未按照批准的安全设施设计施工的；

（四）矿山、金属冶炼建设项目或者用于生产、储存危险物品的建设项目竣工投入生产或者使用前，安全设施未经验收合格的。

【要点精释】本条是关于高危建设项目的安全评价以及安全设施的审查、施工、验收等方面违法行为的法律责任的规定。

（一）承担法律责任的主体

本条规定的责任主体是生产经营单位及其对有关违法行为直接负责的主管人员和其他直接责任人员。

（二）应当承担法律责任的违法行为

本条规定了4类违法行为：（1）未按照规定对矿山、金属冶炼建设项目或者用于生产、储存、装卸危险物品的建设项目进行安全评价；（2）矿山、金属冶炼建设项目或者用于生产、储存、装卸危险物品的建设项目没有安全设施设计或者安全设施设计未按照规定报经有关部门审查同意；（3）矿山、金属冶炼建设项目或者用于生产、储存、装卸危险物品的建设项目的施工单位未按照批准的安全设施设计施工；（4）矿山、金属冶炼建设项目或者用于生产、储存危险物品的建设项目竣工投入生产或者使用前，安全设施未经验收合格。这几类违法行为危害很大，应依法予以严惩。

第九十六条 生产经营单位有下列行为之一的，责令限期改正，可以处五万元以下的罚款；逾期未改正的，处五万元以上二十万元以下的罚款，对其直接负责的主管人员和其他直接责任人员处一万元以上二万元以下的罚款；情节严重的，责令停产停业整顿；构成犯罪的，依照刑法有关规定追究刑事责任：

（一）未在有较大危险因素的生产经营场所和有关设施、设备上设置明显的安全警示标志的；

（二）安全设备的安装、使用、检测、改造和报废不符合国家标准或者行业标准的；

（三）未对安全设备进行经常性维护、保养和定期检测的；

（四）未为从业人员提供符合国家标准或者行业标准的劳动防护用品的；

（五）危险物品的容器、运输工具，以及涉及人身安全、危险性较大的海洋石油开采特种设备和矿山井下特种设备未经具有专业资质的机构检测、检验合格，取得安全使用证或者安全标志，投入使用的；

（六）使用应当淘汰的危及生产安全的工艺、设备的。

【要点精释】本条是关于生产经营单位在日常安全生产工作中的违法行为法律责任的规定，涉及有关安全警示标志，安全设备的安装、使用、检测、改造和报废以及维护、保养和定期检测，从业人员的劳动防护用品的提供，危险物品的容器、运输工具以及部分特种设备的检测、检验、使用，以及使用应当淘汰的危及生产安全的工艺、设备等方面的违法行为。

本条规定的承担法律责任的主体是生产经营单位，以及对有关违法行为直接负责的主管人员和其他直接责任人员。

根据《特种设备安全法》的有关规定，这次修改时将原来规定的"特种设备"修改为"涉及生产安全、危险性较大的海洋石油开采特种设备和矿山井下特种设备"。其他特种设备的安全管理及违法行为的法律责任依照《特种设备安全法》的规定执行。

本条规定的法律责任形式有两种：

1. 行政责任。本次修改加大了处罚力度，提高了罚款数额。在责令限期改正的同时，增加规定可以处五万元以下的罚款；逾期未改正的，罚款数额提高到五万元以上二十万元以下，同时增加规定，对其直接负责的主管人员和其他直接责任人员处一万元以上二万元以下的罚款；情节严重的，责令停产停业整顿。

2. 刑事责任。即构成犯罪的，依照刑法有关规定，按重大责任事故罪、重大劳动安全事故罪等追究刑事责任。

第九十七条 未经依法批准，擅自生产、经营、运输、储存、使用危险物品或者处置废弃危险物品的，依照有关危险物品安全管理的法律、行政法规的规定予以处罚；构成犯罪的，依照刑法有关规定追究刑事责任。

【要点精释】本条是关于违反危险物品安全管理规定的法律责任的规定。

（一）违法行为

按照本法规定，生产、经营、运输、储存、使用危险物品或者处置废弃危险物品的，由有关主管部门依照有关法律、法规的规定和国家标准或者行业标准审批并实施监督管理。如果没有经过有关主管部门的审批而生产、经营、运输、储存、使用危险物品或者处置废弃危险物品，就构成本条规定的违法行为。

任何人未经有关主管部门审批均不得生产、经营、运输、储存、使用危险物品或者处置废弃危险物品，这里的"任何人"，包括自然人、法人和其他组织。

（二）本条规定的法律责任

1. 依照有关危险物品安全管理的法律、行政法规的规定予以处罚。未经依法批准擅自生产、经营、运输、储存、使用危险物品或者处置废弃危险物品的行为在实践当中表现形式多种多样，情况十分复杂，根据危险物品种类不同、违法行为性质不同等，其主管部门也不同。除《安全生产法》外，我国在危险物品安全管理方面还制定有一系列法律和行政法规，未经依法批准擅自生产、经营、运输、储存、使用危险物品或者处置废弃危险物品的根据危险物品的种类、违法行为的性质和程度等规定了具体的法律责任，这些法律、行政法规主要有《固体废物污染环境防治法》《危险化学品安全管理条例》《烟花爆竹安全管理条例》《民用爆炸物品安全管理条例》《农药管理条例》《监控化学品管理条例》《易制毒化学品管理条例》等。因此，本条没有对违法行为应当承担的法律责任作出具体规定，而仅仅作了衔接性规定，实践中对于未经依法批准擅自生产、经营、运输、储存、使用危险物品或者处置废弃危险物品的，有关部门将根据案件具体情况依照上述有关危险物品安全管理的法律、行政法规的规定予以处罚。

2. 构成犯罪的，依照刑法有关规定追究刑事责任。这里讲的构成犯罪，主要是指构成刑法第136条规定的危险物品肇事罪。刑法第136条规定，违反爆炸性、易燃性、放射性、毒害性、腐蚀性物品的管理规定，在生产、储存、运输、使用中发生重大事故，造成严重后果的，处三年以下有期徒刑或者拘役；后果特别严重的，处三年以上七年以下有期徒刑。

第九十八条 生产经营单位有下列行为之一的，责令限期改正,可以处十万元以下的罚款;逾期未改正的,责令停产停业整顿,并处十万元以上二十万元以下的罚款,对其直接负责的主管人员和其他直接责任人员处二万元以上五万元以下的罚款;构成犯罪的,依照刑法有关规定追究刑事责任:

(一)生产、经营、运输、储存、使用危险物品或者处置废弃危险物品,未建立专门安全管理制度、未采取可靠的安全措施的;

(二)对重大危险源未登记建档,或者未进行评估、监控,或者未制定应急预案的;

(三)进行爆破、吊装以及国务院安全生产监督管理部门会同国务院有关部门规定的其他危险作业,未安排专门人员进行现场安全管理的;

(四)未建立事故隐患排查治理制度的。

【要点精释】本条是关于生产经营单位生产、经营、运输、储存、使用、处置危险物品,未建立专门安全管理制度、未采取可靠的安全措施;对重大危险源未登记建档,或者未进行评估、监控;进行爆破、吊装以及国务院安全生产监督管理部门会同国务院有关部门规定的其他危险作业,未安排专门管理人员进行现场安全管理以及未建立事故隐患排查治理制度的法律责任的规定。

(一)承担法律责任的主体

本条规定的承担法律责任的主体是生产经营单位及其对有关违法行为直接负责的主管人员和其他直接责任人员。

(二)责任形式

本条规定的法律责任形式有:

1. 行政责任。本条规定在这次修改中加大了处罚力度,在责令限期改正的同时,增加规定可以处十万元以下的罚款;逾期未改正的,除责令停产停业整顿外,将原来规定的可以处二万元以上十万元以下的罚款改为直接并处十万元以上二十万元以下的罚款;同时,增加规定对其直接负责的主管人员和其他直接责任人员处2万元以上5万元以下的罚款。

2. 刑事责任。有本条规定的违法行为，构成犯罪的，依照刑法有关规定，追究刑事责任。

第九十九条 生产经营单位未采取措施消除事故隐患的，责令立即消除或者限期消除；生产经营单位拒不执行的，责令停产停业整顿，并处十万元以上五十万元以下的罚款，对其直接负责的主管人员和其他直接责任人员处二万元以上五万元以下的罚款。

【要点精释】 本条是关于生产经营单位违反事故隐患排查治理义务的法律责任的规定。

（一）承担法律责任的主体

本条规定的承担法律责任的主体是生产经营单位及其直接负责的主管人员和其他直接责任人员。

（二）承担法律责任的违法行为

本条处罚的是生产经营单位不采取措施消除事故隐患的违法行为。

（三）责任形式

本条规定的责任形式是行政责任。首先是责令立即消除或者限期消除事故隐患，这是根本目的。如果生产经营单位拒不执行，为预防事故发生，对生产经营单位责令停产停业整顿，并处十万元以上五十万元以下罚款。同时，为强化有关个人的责任，还规定对直接负责的主管人员及其他直接责任人员处二万元以上五万元以下的罚款。

第一百条 生产经营单位将生产经营项目、场所、设备发包或者出租给不具备安全生产条件或者相应资质的单位或者个人的，责令限期改正，没收违法所得；违法所得十万元以上的，并处违法所得二倍以上五倍以下的罚款；没有违法所得或者违法所得不足十万元的，单处或者并处十万元以上二十万元以下的罚款；对其直接负责的主管人员和其他直接责任人员处一万元以上二万元以下的罚款；导致发生生产安全事故给他人造成损害的，与承包方、承租方承担连带赔偿责任。

生产经营单位未与承包单位、承租单位签订专门的安全生产管理协议或者未在承包合同、租赁合同中明确各自的安全生产管理职责,或者未对承包单位、承租单位的安全生产统一协调、管理的,责令限期改正,可以处五万元以下的罚款,对其直接负责的主管人员和其他直接责任人员可以处一万元以下的罚款;逾期未改正的,责令停产停业整顿。

【要点精释】本条是关于生产经营单位在生产经营项目、场所、设备发包或者出租过程中违反安全生产管理义务的法律责任的规定。

(一)承担法律责任的主体

本条规定的承担法律责任的主体是生产经营单位及其直接负责的主管人员和其他直接责任人员。

(二)承担法律责任的违法行为

本条规定的违法行为有两种:

1. 生产经营单位将生产经营项目、场所、设备发包或者出租给不具备安全生产条件或者相应资质的单位或者个人。

2. 生产经营单位未与承包单位、承租单位签订专门的安全生产管理协议或者未在承包合同、租赁合同中明确各自的安全生产管理职责，或者未对承包单位、承租单位的安全生产进行统一协调、管理。

（三）责任形式

本条规定的责任形式有：

1. 行政责任。生产经营单位将生产经营项目、场所、设备发包或者出租给不具备安全生产条件或者相应资质的单位或者个人的，对生产经营单位责令限期改正，没收违法所得；违法所得十万元以上的，并处违法所得两倍以上五倍以下的罚款；没有违法所得或者违法所得不足十万元的，单处或者并处十万元以上二十万元以下的罚款；对直接负责的主管人员和其他直接责任人员可以处一万元以上二万元以下的罚款。

生产经营单位未与承包单位、承租单位签订专门的安全生产管理协议或者未在承包合同、租赁合同中明确各自的安全生产管理职责，或者未对承包单位、承租单位的安全生产统一协调、管理的，责令限期改正，可以处五万元以下的罚款，对其直接负责的主管人员和其他直接责任人员可以处一万元以下的罚款；逾期未改正的，责令生产经营单位停产停业整顿。

2. 民事责任。生产经营单位将生产经营项目、场所、设备发包或者出租给不具备安全生产条件或者相应资质的单位或个人，导致发生生产安全事故，并给他人造成损害时，应当承担民事责任。违法行为尚未导致发生危害后果或者虽然导致发生危害后果，但并未给他人造成损害，生产经营单位只承担行政责任。只有当违法行为引起生产安全事故发生，并导致他人利益受损时才需要承担民事责任。本条规定的民事责任是连带赔偿责任，即生产经营单位应当与承包方、承租方承担连带赔偿责任。不具备安全生产条件或资质条件的承包、承租单位或者个人是直接施害方，应当依照有关民事法律的规定承担民事责任。生产经营单位的违法行为间接导致了事故发生，应当与其共同承担赔偿责任。依照有关民事法律规定，共同承担责任有分别承担责任和连带承担责任两种方式，本条规定了较为严格的连带责任方式，即受害人可以要求生产经营单位与承包、承租单位之间的任何一方先行承担全部或者部分赔偿责任，被要求承担责任的主体都必须予以赔偿。偿付受害人后，承担责任的一方可以向另一方追偿。

第一百零一条 两个以上生产经营单位在同一作业区域内进行可能危及对方安全生产的生产经营活动，未签订安全生产管理协议或者未指定专职安全生产管理人员进行安全检查与协调的，责令限期改正，可以处五万元以下的罚款，对其直接负责的主管人员和其他直接责任人员可以处一万元以下的罚款；逾期未改正的，责令停产停业。

【要点精释】 本条是关于同一作业区域内违法行为的法律责任的规定。

（一）本条规定的违法行为

按照本法规定，两个以上生产经营单位在同一作业区域内进行生产经营活动，可能危及对方生产安全的，应当签订安全生产管理协议，明确各自的安全生产管理职责和应当采取的安全措施，并指定专职安全生产管理人员进行安全检查与协调。签订安全生产管理协议、指定专职安全生产管理人员，目的是落实安全生产管理责任制，保证各项安全措施落到实处。如果各方不签订安全生产管理协议或者不指定专职安全生产管理人员，在安全生产管理中就可能因为职责不清或者安全措施落实不到位而酿成生产安全事故。各方依法签订了安全生产管理协议，按照协议的约定履行各自的职责；指定了专职安全生产管理人员进行安全检查与协调，确保法律的规定和协议的约定落到实处，才能有效保证同一作业区域内的生产安全。

（二）本条规定的法律责任

1. 责令限期改正，可以处五万元以下的罚款，对其直接负责的主管人员和其他直接责任人员可以处一万元以下的罚款。生产经营单位有本条规定违法行为的，首先由有关行政执法机关责令其限期改正，即责令有关的生产经营单位在规定的期限内签订安全生产管理协议，指定专职的安全生产管理人员。本条规定的处罚是一种供选择的行政处罚方式，有关行政执法机关应当根据违法行为的情节等情况决定是否给予罚款处罚以及罚款的具体数额。

2. 逾期未改正的，责令停产停业。责令停产停业，是指行政执法机关对违反行政管理秩序的企事业单位，依法在一定期限内暂停其从事有关生产经营活动权利的行政处罚。责令停产停业属于行政处罚中的资格罚或者说能力罚，它不是永久性剥夺被处罚人已经获得的从事生产经营活动的资格，而只是暂时性限制其从事生产经营活动的资格。如果在同一作业区域内从事生产经营活动的各方在规定的期限内不签订安全生产管理协议或者不指定专职的安全生产管理人员进行安全检查与协调，则由有关行政执法机关责令这些生产经营单位停止生产经营活动，直到签订安全生产管理协议、指定专职安全生产管理人员后，才能重新开始生产经营活动。

第一百零二条 生产经营单位有下列行为之一的，责令限期改正，可以处五万元以下的罚款，对其直接负责的主管人员和其他直接责任人员可以处一万元以下的罚款；逾期未改正的，责令停产停业整顿；构成犯罪的，依照刑法有关规定追究刑事责任：

（一）生产、经营、储存、使用危险物品的车间、商店、仓库与员工宿舍在同一座建筑内，或者与员工宿舍的距离不符合安全要求的；

（二）生产经营场所和员工宿舍未设有符合紧急疏散需要、标志明显、保持畅通的出口，或者锁闭、封堵生产经营场所或者员工宿舍出口的。

【要点精释】本条是关于生产经营单位违反有关员工宿舍的设置要求，以及生产经营场所或者员工宿舍出口设置和安全管理要求的法律责任的规定。

（一）承担法律责任的主体

本条规定的承担法律责任的主体是生产经营单位及其直接负责的主管人员和其他直接责任人员。

（二）承担法律责任的违法行为

本条规定的承担法律责任的行为有两类：一是生产、经营、使用、储存危险物品的车间、商店、仓库与员工宿舍在同一座建筑内，或者与员工宿舍的距离不符合安全要求；二是生产经营场所和员工宿舍未设有符合紧急疏散需要、标志明显、保持畅通的出口，或者锁闭、封堵生产经营场所或者员工宿舍出口。本条对违法行为是否造成危害后果没有要求，只要有两种违法行为之一，就要承担法律责任。

（三）责任形式

本条规定的责任形式有两种：行政责任和刑事责任。

1. 行政责任。有关部门应当责令违法的生产经营单位对其违法行为限期改正，即责令其在指定的期限内调整员工宿舍和生产经营场所的布局、结构，使之符合安全要求。生产经营单位在指定期限内未改正的，应当责令其停产停业整顿。同时，为了进一步强化法律责任，加大对违法行为的处罚力度，本次《安全生产法》修改中，一是加大了对生产经营单位的处罚力度，在责令限期改正的同时，增加规定可以处五万元以下的罚款。二是增加对有关责任人员的处罚，在责令生产经营单位限期改正并可以罚款的同时，对其直接负责的主管人员和其他直接责任人员可以处一万元以下的罚款。

2. 刑事责任。生产经营单位有上述违法行为之一，构成犯罪的，依照刑法有关规定，追究刑事责任。本条规定的违法行为可以适用的罪名有重大劳动安全事故罪、危险物品肇事罪等。

第一百零三条 生产经营单位与从业人员订立协议，免除或者减轻其对从业人员因生产安全事故伤亡依法应承担的责任的，该协议无效；对生产经营单位的主要负责人、个人经营的投资人处二万元以上十万元以下的罚款。

【要点精释】本条是关于生产经营单位与从业人员签订免责协议应承担的法律责任的规定。

（一）承担法律责任的主体

本条规定的承担法律责任的主体是生产经营单位的主要负责人以及个人经营的投资人，而不是生产经营单位。与从业人员签订"生死合同"的是生产经营单位，在法理上，似应由生产经营单位承担法律责任。本条之所以规定由生产经营单位的主要负责人或者个人经营的投资人承担责任，主要有以下几个方面的考虑：一是生产经营单位的主要负责人和个人经营的投资人是生产经营单位的决策者，与从业人员签订"生死合同"的虽然是生产经营单位，但该行为往往体现的是生产经营单位的主要负责人或个人经营的投资人的意志，是在负责人或投资人的授意下发生的。有些单位负责人和投资人虽没有直接授意签订此类协议，但对于协议是知情或者默许的。二是由于单位的经济实力较强，仅仅对单位进行行政处罚，效果并不明显。三是要强化生产经营单位主要负责人和个人经营投资人的责任意识，敦促其依法办事，杜绝此类事件的发生。

（二）承担法律责任的违法行为

生产经营单位与从业人员签订的免除其赔偿责任的协议，民间俗称"生死合同"。从业人员是生产经营单位的职工，单位有义务提供良好的安全生产条件，保障从业人员的生命安全。生产安全事故发生后，生产经营单位根据本法和其他有关民事法律的规定，应当承担相应的赔偿责任的，必须依法赔偿。法律关于本项义务的规定是强制性规定，生产经营单位必须遵守，不得通过任何形式加以逃避。生产经营单位利用从业人员对自身权利不知情或者害怕失去工作机会的心理，强迫与其签订"生死合同"的违法行为，实际上是一种乘人之危或者欺诈行为，动机极其恶劣，

不仅触犯本法和其他有关安全生产法律、法规，也违反了民法与合同法的有关规定。

（三）责任形式

本条规定的责任形式是行政处罚，即对生产经营单位的主要负责人、个人经营的投资人处二万元以上十万元以下的罚款。

（四）民法（合同法）上的法律后果

本条还规定了生产经营单位与从业人员签订的免除或者减轻其对从业人因生产安全事故伤亡依法应承担的责任的协议无效。这虽然不是一种法律责任，但同样非常重要，明确否定了此类协议的法律效力。合同法规定，违反法律、行政法规的强制性规定的合同无效。免除或者减轻生产经营单位对从业人员因生产安全事故受到伤害依法应承担的责任的协议，因其违反关于安全生产的法律、行政法规的强制性规定，属于无效合同，对双方当事人不发生法律效力。

第一百零四条 生产经营单位的从业人员不服从管理，违反安全生产规章制度或者操作规程的，由生产经营单位给予批评教育，依照有关规章制度给予处分；构成犯罪的，依照刑法有关规定追究刑事责任。

【要点精释】本条是关于从业人员违章操作的法律责任的规定。

本法在"从业人员的安全生产权利义务"一章中规定，从业人员在作业过程中，应当严格遵守本单位的安全生产规章制度和操作规程，服从管理。为保证从业人员遵守这一义务，本条对从业人员违反这一义务应当承受的不利后果作了规定。

（一）本条规定的违法行为

按照本法规定，从业人员在作业过程中，应当严格遵守本单位的安全生产规章制度和操作规程，服从管理，正确佩戴和使用劳动防护用品。这是本法对从业人员规定的义务，也是保障安全生产的一个必要条件，从业人员必须遵守，如果违反了法律所规定的这项义务，就要依照本条规定承担相应的法律责任。

本条规定的承担法律责任的主体是生产经营单位的从业人员，包括生产经营单位的主要负责人、安全生产管理人员、特种作业人员和其他从业人员。

（二）本条规定的法律责任

按照本条规定，对于从业人员不服从管理，违反安全生产规章制度或者操作规程的，应当根据以下几方面进行处理：

1. 由生产经营单位给予批评教育。即由生产经营单位对该从业人员由于违反安全生产规章制度或者操作规程的行为进行批评，同时对其进行有关安全生产知识等方面的教育，使其认识到严格遵守安全生产规章制度和操作规程的重要性，以及违反安全生产规章制度或者操作规程可能造成的严重后果和依法应当承担的法律责任，确保其不再违法。

2. 依照有关规章制度给予处分。这里的"规章制度"，主要是指生产经营单位依法制定的内部惩戒制度，给予从业人员处分的主体是从业人员所属的生产经营单位。根据劳动合同法规定，劳动者严重违反用人单位的规章制度的，用人单位可以解除劳动合同。需要注意的是，企业规章制度的内容不能违反法律法规的规定，规章制度的制定程序也要符合法律的要求。根据劳动合同法规定，用人单位在制定、修改或者决定有关劳动报酬、工作时间、

休息休假、劳动安全卫生、保险福利、职工培训、劳动纪律以及劳动定额管理等直接涉及劳动者切身利益的规章制度或者重大事项时，应当经职工代表大会或者全体职工讨论，提出方案和意见，与工会或者职工代表平等协商确定。用人单位应当将直接涉及劳动者切身利益的规章制度和重大事项决定公示，或者告知劳动者。用人单位的规章制度违反法律、法规的规定，损害劳动者权益的，劳动者可以解除劳动合同，并要求用人单位支付经济补偿。用人单位直接涉及劳动者切身利益的规章制度违反法律、法规规定的，由劳动行政部门责令改正，给予警告；给劳动者造成损害的，应当承担赔偿责任。

3. 构成犯罪的，依照刑法有关规定追究刑事责任。这里讲的构成犯罪，主要是指构成《刑法》第134条规定的重大责任事故罪。《刑法》第134条规定，在生产、作业中违反有关安全管理的规定，因而发生重大伤亡事故或者造成其他严重后果的，处三年以下有期徒刑或者拘役；情节特别恶劣的，处三年以上七年以下有期徒刑。构成重大责任事故罪，须具备以下条件：一是行为人在生产、作业中实施了违反有关安全管理规定的行为。二是因违反安全管理规定造成重大伤亡事故或者其他严重后果，违反规定的行为与重大伤亡事故或者其他严重后果之间存在刑法上的因果关系。

第一百零五条 违反本法规定，生产经营单位拒绝、阻碍负有安全生产监督管理职责的部门依法实施监督检查的，责令改正；拒不改正的，处二万元以上二十万元以下的罚款；对其直接负责的主管人员和其他直接责任人员处一万元以上二万元以下的罚款；构成犯罪的，依照刑法有关规定追究刑事责任。

【要点精释】本条是关于生产经营单位拒绝、阻碍有关部门依法实施监督检查所应承担的法律责任的规定。

本条是这次修改安全生产法时新增加的规定，目的在于惩处生产经营单位拒绝、阻碍有关部门依法实施监督检查的行为，保障监督检查的顺利进行。

（一）承担法律责任的主体

本条规定承担法律责任的主体是生产经营单位及其直接负责的主管人员和其他直接责任人员。

（二）承担法律责任的违法行为

按照本法有关规定，负有安全生产监督管理职责的部门对生产经营单位执行有关安全生产的法律、法规和国家标准或者行业标准的情况进行监督检查。生产经营单位应当予以配合，不得拒绝、阻挠。本条对生产经营单位拒绝、阻碍负有安全生产监督管理职责的部门依法实施监督检查的行为规定了处罚措施。

（三）责任形式

本条规定的责任形式有三种：责令改正、处以罚款和追究刑事责任。

1. 责令改正。实践中主要是由负有安全生产监督管理职责的部门口头或书面要求生产经营单位或相关违法行为人停止和纠正违法行为。对于生产经营单位拒绝、阻碍负有安全生产监督管理职责的部门依法实施监督检查的行为，先责令其改正，是给予有关生产经营单位改正错误、端正认识的机会，对于生产经营单位的影响也相对较小。

2. 处以罚款。对于负有安全生产监督管理职责的部门责令改正，生产经营单位拒不改正的，本条采取了双罚制的罚款方式：一是对于生产经营单位处二万元以上二十万元以下的罚款；二是对其直接负责的主管人员和其他直接责任人员处一万元以上二万元以下的罚款。采取双罚制的罚款方式主要是考虑到，生产经营单位拒绝、阻碍监督检查的行为在很大程度是受其主管人员决定的影响，同时，相关直接责任人员的行为也违反了法律规定，这两者都负有不可推卸的责任，理应受到处罚。

3. 追究刑事责任。根据刑法规定，以暴力、威胁方法阻碍国家机关工作人员依法执行职务的，处三年以下有期徒刑、拘役、管制或者罚金。生产经营单位有关人员拒绝、阻碍安全生产监督检查的行为,达到刑法上述罪名构成要件的,应当依法追究其刑事责任。

第一百零六条 生产经营单位的主要负责人在本单位发生生产安全事故时,不立即组织抢救或者在事故调查处理期间擅离职守或者逃匿的,给予降级、撤职的处分,并由安全生产监督管理部门处上一年年收入百分之六十至百分之一百的罚款;对逃匿的处十五日以下拘留;构成犯罪的,依照刑法有关规定追究刑事责任。

生产经营单位的主要负责人对生产安全事故隐瞒不报、谎报或者迟报的,依照前款规定处罚。

【要点精释】本条是关于生产经营单位主要负责人在本单位发生生产安全事故时不履行相关职责的法律责任的规定。

(一)承担法律责任的主体

本条规定的承担法律责任的主体是生产经营单位主要负责人。

（二）承担法律责任的违法行为

本条规定的承担法律责任的违法行为包括两类：

1. 生产经营单位主要负责人在本单位发生生产安全事故时，不立即组织抢救或者在事故调查处理期间擅离职守或者逃匿的。

2. 生产经营单位主要负责人对生产安全事故隐瞒不报、谎报或者拖延不报，违反了其负有的及时、如实报告事故的法定义务，因此也应当承担相应的法律责任。

（三）责任形式

1. 处分。在处分种类中，降级、撤职的严厉程度较警告、记过和记大过为重，仅次于开除。发生生产安全事故时，生产经营单位主要负责人负有组织抢救的责任，在事故调查处理期间应当积极配合事故调查组工作，并随时应其要求提供资料、数据和其他必要的帮助，不得擅离职守，更不能逃逸。违反这些职责的生产经营单位主要负责人已经不适于担任领导职务，应当给予降级或者撤职的处分。

2. 罚款。生产经营单位主要负责人在本单位发生生产安全事故时，不立即组织抢救或者在事故调查处理期间擅离职守或者逃匿的，首先由安全生产监督管理部门处上一年年收入百分之六十至百分之一百的罚款。具体比例由安全生产监督管理部门考虑其主观恶性、情节轻重、造成的后果等因素进行裁量。

3. 治安处罚。对在事故调查处理期间逃匿的生产经营单位主要负责人，还应当处十五日以下拘留。生产经营单位主要负责人在事故调查处理期间逃匿，性质恶劣，必然阻碍调查处理工作的顺利开展。特别是在生产经营单位主要负责人可能对事故发生负有责任的情况下，更需要其在场配合事故调查处理工作。因此，本条规定对逃匿的生产经营单位主要负责人处十五日以下的拘留。拘留属于行政处罚中的"自由罚"，是对自然人实施的最严厉的行政处罚，由公安机关决定并实施。对按照本条规定处以拘留的生产经营单位主要负责人,可以并处降职或者撤职的处分。

4. 刑事责任。生产经营单位主要负责人有本条规定的行为,构成犯罪的,依照刑法有关规定追究刑事责任。

本条第2款规定了生产经营单位主要负责人对生产安全事故隐瞒不报、谎报或者迟报的法律责任。这种违法行为的法律责任与第1款是相同的,根据情节轻重,分别按照前述规定给予降级、撤职处分、罚款或者十五日以下拘留;构成犯罪的,依照刑法有关规定追究刑事责任。

第一百零八条 生产经营单位不具备本法和其他有关法律、行政法规和国家标准或者行业标准规定的安全生产条件,经停产停业整顿仍不具备安全生产条件的,予以关闭;有关部门应当依法吊销其有关证照。

【要点精释】本条是关于对不具备安全生产条件的生产经营单位予以关闭并依法吊销其有关证照的规定。

(一)不具备安全生产条件的生产经营单位首先应当停产停业整顿

生产经营单位具备安全生产条件,是安全生产最根本的保障。因此，本法第17条明确规定："生产经营单位应当具备本法和有关法律、行政法规和国家标准或者行业标准规定的安全生产条件。不具备安全生产条件的，不得从事生产经营活动。"为防止不具备安全生产条件的生产经营单位继续进行生产经营活动，威胁安全生产，负有安全生产监督管理职责的有关部门应当首先责令其停产停业整顿。停产停业整顿期间，生产经营单位不得进行生产经营活动，并应当按照要求，改善本单位的安全生产条件。

（二）对仍不具备安全生产条件的生产经营单位应当予以关闭

对被责令停产停业整顿的生产经营单位，做出决定的机关应当对其安全生产条件的整改情况进行认真的监督检查。对整顿后仍不具备安全生产条件的生产经营单位，有关行政机关应当将其关闭。

（三）吊销被关闭单位的有关证照

生产经营单位被关闭，意味着其法律主体资格已经消失，有关部门应当吊销其取得的各种许可证件以及营业执照。一方面，这是对予以关闭的行政处罚的一种配合，使不具备安全生产条件的生产经营单位"彻底死亡"；另一方面，也体现了有关证照的严肃性。

第一百零九条 发生生产安全事故，对负有责任的生产经营单位除要求其依法承担相应的赔偿等责任外，由安全生产监督管理部门依照下列规定处以罚款：

（一）发生一般事故的，处二十万元以上五十万元以下的罚款；

（二）发生较大事故的，处五十万元以上一百万元以下的罚款；

（三）发生重大事故的，处一百万元以上五百万元以下的罚款；

（四）发生特别重大事故的，处五百万元以上一千万元以下的罚款；情节特别严重的，处一千万元以上二千万元以下的罚款。

【要点精释】本条是关于对事故发生负有责任的生产经营单位

处以罚款的规定。

本条是这次修改《安全生产法》时新增加的规定,其特点是较大幅度加大了处罚力度。

（一）承担法律责任的主体

本条规定的法律责任的承担主体,是对生产安全事故负有责任的生产经营单位。生产经营单位是保障安全生产的责任主体,如果不依法履行法律、行政法规规定的安全生产职责,导致发生生产安全事故,就对事故负有责任。

（二）应当承担法律责任的违法行为

本法第4条明确规定了生产经营单位应当依法履行的职责,即"生产经营单位必须遵守本法和其他有关安全生产的法律、法规,加强安全生产管理,建立、健全安全生产责任制和安全生产规章制度,改善安全生产条件,推进安全生产标准化建设,提高安全生产水平,确保安全生产"。生产经营单位没有履行上述安全生产职责,导致事故发生的,构成本条规定的违法行为。

生产经营单位未依法履行安全生产职责导致事故发生,造成人员伤亡、他人财产损失的,应当依照本法第111条的规定承担民事赔偿责任。同时,生产经营单位的此类行为还妨碍了正常的安全生产监管秩序,依照本法和其他法律法规的规定,还可以处以停产停业整顿直至关闭并吊销有关证照的处罚。为了进一步加大违法成本,促使生产经营单位切实落实安全生产责任,预防和减少事故,除了上述处罚之外,此次修改法律特别增加了对负有事故责任的生产经营单位处以高额罚款的规定。该规定与民事赔偿、行政处罚等法律责任可以同时适用。

（三）责任形式

按照本条规定,生产经营单位对事故发生负有责任的,根据所发生事故的等级处以罚款。事故等级越高,处罚越严厉。具体是:发生一般事故的,处二十万元以上五十万元以下罚款;发生较大事故的,处五十万元以上一百万元以下罚款;发生重大事故的，处一百万元以上五百万元以下罚款；发生特别重大事故的，处五百万元以上一千万元以下的罚款。在发生特别重大事故且情节特别严重的情况下，包括事故人员伤亡严重、直接经济损失巨大、社会影响恶劣等，则处一千万元以上二千万元以下的罚款。罚款数额相互衔接，每一等级事故的罚款数额都有一定的幅度，实践中具体罚款数额由安全生产监督管理部门根据发生事故的严重程度、事故发生的原因、生产经营单位责任的大小等情况，在本条规定的幅度内裁量确定。

需要说明的是，本条规定并不是说生产经营单位一发生事故就罚款，而是在其对事故发生负有责任的情况下才处以罚款。这样规定的目的是在分清事故责任的基础上，加大事故成本，真正起到促使生产经营单位加强安全生产工作的作用。

第一百一十一条 生产经营单位发生生产安全事故造成人员伤亡、他人财产损失的，应当依法承担赔偿责任；拒不承担或者其负责人逃匿的，由人民法院依法强制执行。

生产安全事故的责任人未依法承担赔偿责任，经人民法院依法采取执行措施后，仍不能对受害人给予足额赔偿的，应当继续履行赔偿义务；受害人发现责任人有其他财产的，可以随时请求人民法院执行。

【要点精释】 本条是关于生产经营单位因生产安全事故造成人员伤亡、他人财产损失应承担赔偿责任的规定。

生产经营单位发生生产安全事故造成人员伤亡、他人财产损失的，应当依法承担赔偿责任。

生产经营单位发生生产安全事故导致人员伤亡、他人财产损失，侵犯了公民的人身权利、财产权利，应当依法承担赔偿损失责任。这里的"人员"是指一切因事故而伤亡的人，既包括生产经营单位的从业人员，也包括在生产安全事故中伤亡的其他公民。"他人"则是指生产经营单位以外的人，既包括自然人，也包括法人和非法人单位。

需要注意的是，只要人员伤亡和财产损失与生产经营单位的生产安全事故之间存在因果关系，生产经营单位就应当承担赔偿责任。生产经营单位不能通过和从业人员签订"生死合同"等方式，免除或者减轻其应当承担的赔偿责任。

生产经营单位应当主动依法承担赔偿责任。不履行赔偿责任的，受害人或者其法定代理人有权向有管辖权的人民法院提起民事诉讼，由人民法院依法予以裁决。生产经营单位拒不承担赔偿责任，或者生产经营单位的负责人逃匿的，由人民法院依法强制执行。

第七章 附　则

第一百一十三条　本法规定的生产安全一般事故、较大事故、重大事故、特别重大事故的划分标准由国务院规定。

国务院安全生产监督管理部门和其他负有安全生产监督管理职责的部门应当根据各自的职责分工，制定相关行业、领域重大事故隐患的判定标准。

【要点精释】本条是关于授权国务院制定事故等级划分标准、有关部门制定重大事故隐患判定标准的规定。

事故等级划分标准直接关系到事故报告的级别、事故调查组的组成以及事故责任追究，科学、准确地确定事故等级划分标准，是顺利开展事故报告、应急处置、调查处理工作的前提和基础。因此，法律授权国务院制定生产安全一般事故、较大事故、重大事故、特别重大事故的划分标准。国务院2007年制定了《生产安全事故报告和调查处理条例》，其中第3条规定，根据生产安全事故造成的人员伤亡或者直接经济损失，事故的等级划分标准为：（1）特别重大事故，是指造成三十人以上死亡，或者一百人以上重伤，或者一亿元以上直接经济损失的事故；（2）重大事故，是指造成十人以上三十人以下死亡，或者五十人以上一百人以下重伤，或者五千万元以上一亿元以下直接经济损失的事故；（3）较大事故，是指造成三人以上十人以下死亡，或者十人以上五十人以下重伤，或者一千万元以上五千万元以下直接经济损失的事故；（4）一般事故，是指造成三人以下死亡，或者十人以下重伤，或者一千万元以下直接经济损失的事故。